CICLOS ASTROLÓGICOS E PERÍODOS DE CRISE

JOHN TOWNLEY

CICLOS ASTROLÓGICOS E PERÍODOS DE CRISE

Tradução
DINAH DE AZEVEDO ABREU

EDITORA PENSAMENTO
SÃO PAULO

Título do original:
Astrological Cycles and the Life Crisis Periods

Copyright © 1977 John Townley

Edição	Ano
2-3-4-5-6-7-8-9-10	88-89-90-91-92-93-94-95

Direitos reservados

EDITORA PENSAMENTO LTDA.

Rua Dr. Mário Vicente, 374 – 04270 São Paulo, SP – Fone: 63 3141

Impresso em nossas oficinas gráficas.

Para Christine: esposa, amante, sócia e
melhor amiga.

SUMÁRIO

Introdução	9
Os Ciclos Astrológicos	
Os Ciclos Diários	13
Os Ciclos Lunares	23
Os Ciclos Solares	35
Os Ciclos Planetários	45
O Ciclo Vital Como um Todo	69
Os Ciclos Mundanos	79
Os Ciclos Não-astrológicos e Outros Problemas	85

Introdução

CICLO – S. m. 1. Intervalo de tempo onde ocorre um evento ou série de eventos característicos, sobretudo aqueles que se repetem regularmente. 2.a. A execução completa de um fenômeno que se repete periodicamente. b. Uma seqüência de eventos que se repete periodicamente. 3. A órbita de um corpo celeste. 4. Um longo período de tempo; era; éon;... – *The American Heritage Dictionary*, 1969.

Nada é tão básico para a experiência humana quanto o ciclo. Nós nos ordenamos e realmente mantemos a saúde graças ao puro e simples conhecimento e uso de inúmeros tipos diferentes de ciclos. As batidas do coração, as ondas cerebrais e o ritmo da respiração são três indícios de vida – quando eles desaparecem, ocorre a morte clínica. Toda a nossa compreensão mental do mundo depende dos ciclos – se os eventos não se repetissem, não haveria um universo apreensível e estruturado.

A própria multiplicidade dos ciclos torna praticamente impossível uma abordagem unificada da questão. Há ciclos poéticos, ciclos climáticos, ciclos sazonais, ciclos de cultura agrícola, ciclos econômicos, ciclos civilizatórios, ciclos endócrinos, ciclos sinódicos, ciclos de guerra, ciclos de migração, ciclos estilísticos, ciclos de música popular e folclórica, ciclos de depressão, uniciclos, biciclos, triciclos, motociclos – tudo isso só para arranharmos a superfície do problema. A palavra deriva do antigo termo grego "kyklos", que significa círculo. Uma das abordagens ao estudo dos ciclos, muito útil e consagrada pelo tempo, é o estudo dos maiores círculos com os quais o homem tem-se ocupado tradicionalmente — as órbitas dos planetas. A tentativa de relacionar esses "círculos" com os inúmeros eventos cíclicos que ocorrem na Terra é conhecida há muito tempo pelo nome de astrologia.

Durante os quase três mil anos de existência da astrologia, tal como a conhecemos hoje, tem-se escrito muitíssimo sobre as possíveis implicações das influências combinadas e variáveis dos planetas e de seus ciclos sobre o comportamento humano. Astrólogos e astrônomos, místicos e cientistas, crentes e céticos — todos têm algo a dizer sobre o assunto. Recentemente, pela primeira vez, a ciência moderna começou a despender um certo esforço na exploração da área, e as próximas décadas deverão lançar muita luz sobre a questão. Enquanto isso, baseados no dia-a-dia, os astrólogos continuam utilizando o acervo das crenças tradicionais, fundamentadas na experiência e nos escritos dos que vieram antes.

Este livro trata essencialmente dessas tradições e crenças, ao menos à medida que se apresentam como fenômenos cíclicos reiterativos. Não discutiremos aqui os vários métodos de interpretação do horóscopo de nascimento, sobre os quais há muitos e excelentes trabalhos, mas sim as ocorrências que se repetem tanto no nível astronômico quanto no nível humano, e que constituem o pano de fundo da interpretação. Aqui nos ocupamos com o ritmo regular dos tipos de evento com que os indivíduos se deparam, segundo os ditames de seus horóscopos. Todas as pessoas, pelo menos como retratadas por seus mapas de nascimento, são especiais e singulares, e a interpretação dessa singularidade é responsabilidade específica do astrólogo. No entanto, a matemática da mecânica celeste e a astrologia tradicional indicam que *todos* experimentam certos ciclos planetários fixos, aos quais cada indivíduo responde de forma ligeiramente diferente, mas que, mesmo assim, conservam sua descrição e seu sabor específicos. Este livro descreve e espera ajudar a esclarecer essas experiências compartilhadas por todos nós, não só porque somos humanos, mas também porque ocorre que vivemos neste planeta.

OS CICLOS ASTROLÓGICOS

Os Ciclos Diários

Nosso despertador dá início ao mais curto e mais primário dos ciclos astrológicos. Quando o Sol irrompe no horizonte leste, os estudantes são arrancados da cama, os pássaros madrugadores comem suas minhocas, os boêmios cuidam da ressaca; um novo ciclo local de 24 horas começou.

No que diz respeito ao nosso corpo, esse é o ciclo mais importante que vivenciamos. Quase todas as funções físicas estão mais ou menos sincronizadas com ele, e não nos sentimos bem quando essas funções são perturbadas. Os comerciais de TV que promovem remédios para as "irregularidades" são um testemunho disso, e todos os pais sabem que a única forma de ensinar as crianças pequenas a usarem o banheiro é por meio de um cuidadoso programa diário. Os madrugadores acordam todas as manhãs à mesma hora, sem despertador, e acham praticamente impossível dormir até mais tarde no domingo. Quando as férias interrompem esse hábito matinal, a pessoa acorda com a sensação de que há trabalho a ser feito e, então, vira de lado, não inteiramente aliviada, sabendo que não há.

Nas duas últimas décadas desenvolveu-se uma série de pesquisas médicas sobre os ciclos diários, ou "circadianos". Houve muita publicidade em torno do problema da defasagem horária provocada pelas viagens de avião a jato nos passageiros e, principalmente, nos pilotos, cujas funções naturais podem desarranjar-se ao perderem artificialmente a sintonia com os ritmos diários normais. O problema não é menos crítico nos hospitais, onde diferentes dosagens de remédio são dadas em diferentes horas do dia.

Esse ritmo de altos e baixos durante um período de 24 horas varia de indivíduo para indivíduo mas, nos estudos em que grande número de pessoas é observado, certos padrões comuns tendem a se manifestar. O mais antigo e mais familiar deles é o ritmo das 9 às 17 h do trabalhador; baixo de manhã, alto em torno da hora do almoço, e baixo em torno das 4 da tarde. Esse ritmo familiar gerou o que se tornou parte integrante de um dia de trabalho num escritório — a pausa para o cafezinho, cuja introdução pretendia amenizar os momentos de baixa e aumentar a eficiência do trabalhador. O antigo *slogan* publicitário do Dr. Pepper (antes de ser comprado pela Coca-Cola), "10-2-4", também foi produto desse ritmo, sugerindo que as pessoas tomem uma garrafa da bebida cafeinizada tanto nos momentos de baixa quanto no pico do ciclo diário de trabalho.

Mas nem todos nós temos o privilégio de estar suficientemente despertos de manhã, para perceber qualquer momento de alta ou de baixa, e esse fato notório levou o Dr. Nathaniel Kleitman, fisiologista e pesquisador do sono da Universidade de Chicago, a pesquisas e conclusões interessantes. Sua teoria é a seguinte: há dois tipos básicos de personalidade, a matinal e a vespertina. As pessoas matinais se levantam cedo, muito animadas e tendem a ser indivíduos mais conservadores e menos criativos. As pessoas vespertinas têm horror ao nascer do Sol e é muito raro estarem em atividade antes do meio-dia, mas tendem a ser mais criativas, revolucionárias e, muitas vezes, trabalham até altas horas.

Como exemplos famosos, o Dr. Kleitman cita os presidentes Harry Truman e Franklin D. Roosevelt. Truman sempre estava de pé ao raiar do dia, bem antes da sua equipe, mas era, em essência, um roceiro antiquado, apegado aos métodos próprios, e não foi um presidente particularmente inovador. Roosevelt, por outro lado, dirigia da cama a maior parte dos trabalhos matutinos, trabalhava noite adentro e, até esta data, foi o presidente mais radical e inovador do século.

O Dr. Kleitman observa, ainda, que as pessoas das chamadas "profissões criativas" — escritores, atores, artistas, músicos — tendem a ser tipos vespertinos. Também é interessante registrar o hábito de os governantes da Rússia Soviética tratarem de seus problemas à noite, hábito herdado dos revolucionários bolcheviques e que ainda não se desgastou. Esse poderia ser um belo argumento a favor do ascendente Gêmeos da carta da Declaração da Independência dos Estados Unidos, que situa a conclusão do documento nas primeiras horas da madrugada. Mas, durante os seus 200 anos de história, este país perdeu muito do seu caráter revolucionário e hoje é constituído, na sua maioria, de tipos matinais.

Seria muito bom se os sindicatos e empregadores reconhecessem esses ritmos de personalidade, evidentes por si mesmos — algumas pessoas realmente trabalham melhor à noite, e a vida profissional seria muito mais fácil e proveitosa para todos os interessados se esse dado fosse levado em conta. Embora raramente citado, este é um dos argumentos mais fortes a favor do horário de trabalho por turnos.

Uma boa descrição astrológica desses tipos de personalidade ainda está por ser feita. Os tipos matinais e os tipos vespertinos têm probabilidades iguais de terem planetas acima ou abaixo do horizonte, signos masculinos e femininos, e outras explicações aparentemente plausíveis. Será preciso aprofundar a pesquisa para se descobrir uma particularidade convincente.

* * *

Mas, deixando de lado os tipos de personalidade, há um ritmo diário regular, no nascimento e no ocaso do Sol, da Lua e dos planetas, que parece ter influência sobre os eventos humanos paralelos. Seu significado astrológico tem sido interpretado principalmente por meio da técnica de calcular o mapa de vários eventos e verificar que planetas estavam nascendo, culminando ou se pondo no mesmo momento.

A influência é mais perceptível quando o planeta está nascendo; um pouco menor, mas ainda perceptível, quando está culminando; e negativa ou adversa quando está no ocaso. Especificando:

Sol — Por definição, o Sol só nasce de manhã, e significa o começo num sentido bastante básico e primordial. Os começos são mais fáceis (principalmente para os tipos vespertinos), quando o Sol está no meio do céu, ou um pouquinho antes; ele exerce aí a influência máxima sobre a carreira e assegura uma reputação brilhante gerada pelo assunto em questão. Portanto, seja para a escolha, ou para a interpretação da hora de um evento qualquer, a posição da casa do Sol, e não só o seu nascimento ou zênite, é da maior importância, pois indica a natureza essencial do evento.

Lua — Quando está nascendo, a Lua indica mudança repentina, flutuação e movimento; às vezes, engano ou surpresa. Por exemplo: a guerra árabe-israelita de outubro de 1973 começou no momento exato em que a Lua e Júpiter estavam nascendo (uma surpresa enorme e atordoante); o Sol se encontrava na 8ª casa (morte, destruição), *hostilizado por ângulos exatos* de Urano e de Plutão (uma guerra de dois *fronts*). Isso não significa que você deva esperar um ataque todos os dias, quando a Lua nasce, mas essa hora tende a ser traiçoeira. A Lua no meio do céu, por outro lado, indica eventos que provavelmente se tornarão públicos, de modo que o nativo pode ser vítima de um escândalo ou desfrutar de grande fama, dependendo do resto da carta e da natureza do evento.

Mercúrio — Mercúrio nasce necessariamente cerca de duas horas antes ou depois do Sol. Isso não costuma indicar grandes eventos físicos, mas anuncia idéias novas, lampejos de inspiração e congêneres, principalmente para os tipos matinais. Sobre os tipos vespertinos, o mesmo efeito é produzido mais freqüentemente por Urano, pois, em geral, estão dormindo quando Mercúrio nasce. Mercúrio culminando é uma espécie de combinação de Sol e Lua — uma idéia cuja hora chegou e que tem ou conseguirá celebridade.

Vênus — Assim como Mercúrio, Vênus está atado ao Sol, do nosso ponto de vista, e nasce cerca de três horas depois dele. Para a personalidade matinal, o seu nascimento muitas vezes acompanha explosões de criatividade, mas está associado, para todas as pessoas, aos sonhos eróticos que aparecem de manhã cedinho. Culminando, é favorável aos esforços que granjeiam boa reputação, aos investimentos e ganhos monetários. Enquanto estrela vespertina, Vênus poente sempre esteve associada à sorte no amor, principalmente quando aparece mais tarde, na noite em que transita com o Sol pela quinta casa.

Marte — Segundo a pesquisa estatística de Michel Gauquelin, Marte, ascendendo ou culminando, encontra-se com muita freqüência no mapa natal dos atletas. Seu nascimento diário costuma ser associado aos esforços físicos e aos atos de força extraordinários. Entretanto, é comum fazer-se acompanhar de altercações, discussões e até de socos, se a situação assim justificar. A tradição raramente o vê com bons olhos, a não ser nas competições de força e coisas semelhantes. Aparentemente, seu efeito é de investir energia demais na maioria das situações. Culminando, sua influência é mais genérica e provoca ocorrências que recebem demasiada atenção.

Júpiter — Como no caso da guerra árabe-israelita, Júpiter nascente tende a fazer com que os eventos pareçam um pouco aumentados. É um momento adequado para inaugurar grandes pontos de venda, para as pessoas se vangloriarem e para diversas outras doses de hipérbole, que condimentam a realidade geralmente insípida. Os eventos que ocorrem nessa hora devem ser tomados com um ou dois grãos de sal, pois o resultado final nem sempre corresponde a tudo quanto foi prometido no começo. Culminando, Júpiter é o mais benéfico dos planetas e coincide com eventos que parecem ter um potencial ilimitado.

Saturno — Saturno ascendente tem tido má reputação em toda a história astrológica, estando associado a perdas, acidentes, encarceramentos e coisas afins. Mas pode igualmente acompanhar eventos de natureza mais positiva, relativos a pessoas mais velhas, à realização de projetos antigos e ao estabelecimento ou realização de objetivos a longo prazo. Pode manifestar uma reação tão simples quanto o súbito cessar da conversa na sala, ou mostrar-se num fenômeno tão comum quanto o fim do gás (literal ou figurado). Culminando, tende a provocar obstruções, exceto nos casos de arquivamento ou sepultamento, quando a natureza cristalizadora do planeta se expressa de forma socialmente adequada.

Urano — Ao nascer, Urano, com certeza, traz mais alvoroço e tensão do que qualquer outro planeta. Seu lado negativo pode acompanhar acidentes, prejuízos repentinos ou discussões violentas, mas seu lado positivo traz mudanças revolucionárias, surpresas felizes e inspiração súbita. Seu efeito é sempre imprevisível, de modo que essa é uma boa hora para se esperar o inesperado. Culminando, provoca eventos que tendem a ser continuamente mal-interpretados pelo público em geral.

Netuno — À medida que Netuno se eleva sobre o horizonte, todos os tipos de eventos incertos têm probabilidade de ocorrer: números errados, mensagens incorretamente transmitidas, apreensões inexplicáveis (e despropositadas), entre outros. Em geral, o problema se esclarece em poucos minutos, mas enquanto isso a imaginação corre solta, relativamente às possíveis implicações do mal-entendido. No âmbito da criação, pode assinalar momentos individuais de realização estética ou de meditação religiosa, o que não é freqüente em situações grupais. Culminando, traz eventos que ninguém consegue realmente entender ou interpretar de forma correta.

Plutão — À parte sua tradicional associação com mortes, Plutão muitas vezes encontra-se ascendendo quando alguém está tentando impor a própria vontade sobre outra pessoa, quer com sutileza, quer à força. Entre casais, é um momento excelente para tiranizar o outro, assim como para qualquer jogo de poder. Em seu sentido profundamente positivo, pode ser um momento de revelação religiosa e de melhor compreensão da natureza do processo da vida e da morte mas, para quase todos nós, essas ocasiões são raras. Culminando, indica os eventos dos quais se fala obscuramente, ou de natureza considerada inquietante.

* * *

Assim como gastamos a maior parte do nosso tempo na Terra com atividades totalmente corriqueiras e banais, o momento em que os diferentes planetas nascem, a cada dia, nem sempre assinala algo de grande importância. Mas é notável a freqüência com que o planeta apropriado está nascendo, quando eventos significativos acontecem.

Acompanhar diariamente o nascimento de cada um dos planetas seria uma tarefa tediosa e inútil para o leigo. Mas as pessoas muitas vezes recebem ajuda por vias aparentemente inusitadas. Todos os dias o *New York Times*, assim como muitos outros jornais, publica a hora do nascimento e do ocaso do Sol, da Lua e dos planetas visíveis (excluindo Urano, Netuno e Plutão). Diversos almanaques nacionais e locais também contêm esses dados. Desse modo, sem esforço algum, qualquer pessoa pode dispor da hora do nascimento dos vários planetas e verificar, por si mesma, as nossas hipóteses, utilizando com segurança as possibilidades que elas sugerem.

Mas advertimos enfaticamente que esses dados devem ser usados apenas para observação e entendimento e não devem ser tomados como base para uma ação específica, pois a possibilidade de um planeta ascendente ser favorável, prejudicial ou neutro está intimamente ligada às outras posições planetárias da astrologia tradicional, e não deve ser considerada isoladamente.

As Horas Planetárias

Nenhuma discussão dos ciclos planetários diários seria completa sem uma referência à forma arcaica de concebê-los, um sistema que remonta ao antigo Egito e que hoje está em desuso. Naquele tempo, quando apenas os sete corpos celestes visíveis eram conhecidos pelos astrólogos, organizaram-se os planetas, segundo sua velocidade aparente: Saturno, Júpiter, Marte, Sol, Vênus, Mercúrio, Lua. De acordo com esse arranjo, cada uma das 24 horas do dia era regida por um dos sete planetas. Desse modo, se começamos com Saturno regendo a primeira hora, ele regeria alternadamente a oitava, a décima quinta e a vigésima segunda. Na mesma ordem, Júpiter regeria a vigésima terceira, Marte, a vigésima quarta, o Sol, a primeira (do dia seguinte) e assim por diante. Os dias da semana vieram a ser conhecidos pela hora planetária sob a qual tinham início, resultando na atual ordem dos dias da semana, herdada dos romanos e, depois, saxonizada. Em latim e inglês: *Sol* (*Sunday* — dia do Sol), *Luna* (*Monday, Moon's Day* — dia da Lua), *Martis* (*Mar's Day* — dia de Marte — transformado em *Tuesday* em homenagem a Tiu, o deus germânico da guerra), *Mercurius* (*Mercury's Day* — dia de Mercúrio — que mudou para *Wednesday* em homenagem ao Woden teutônico), *Jove* (*Jupiter's Day* — dia de Júpiter — rebatizado como *Thursday* em homenagem a Thor, o deus nórdico do trovão), *Veneris* (*Venus' Day* — dia de Vênus — que passou a ser *Friday* em homenagem a Freya, a deusa nórdica do amor).

Acreditava-se que os eventos se coloriam de acordo com as horas do dia que se encontravam sob o poder de um determinado regente. Desse modo, as pessoas escolheriam uma hora de Marte para atacar os inimigos, uma hora de Vênus para agradar o ser amado e assim por diante. Embora esse sistema quase não seja usado hoje em dia, alguns astrólogos ainda levam em conta as horas planetárias, principalmente em questões eletivas ou horárias.

Talvez uma das razões do desuso corrente (além da descoberta dos três novos planetas) seja a natureza peculiar das próprias horas e a dificuldade de calculá-las. O sistema baseava-se na divisão do período compreendido entre o nascer e o pôr-do-sol em doze segmentos iguais, assim como o período noturno compreendido entre o pôr e o nascer do Sol. Desse modo, as horas dos dias de verão eram mais longas que as horas da noite e sua duração variava dia a dia. No inverno acontecia o contrário, e somente nos equinócios uma hora equivalia aos 60 minutos da nossa hora oficial.

Esse fantástico método de marcar o tempo foi usado até a década de 30 do nosso século, em muitos estados árabes, de modo que as horas de nascimento registradas até então precisam ser laboriosamente retraduzidas para que se possa calcular um horóscopo.

Ciclos Diários Pessoais

Outro ritmo diário digno de nota é do nascimento, culminação e ocaso de graus importantes da carta de nascimento, considerado particularmente importante pela astrologia horária (onde as cartas são calculadas para o momento de uma pergunta ou evento).

Assim, quando o grau, digamos, do Sol nascente ou no meio do céu está ascendendo ou culminando, os eventos tendem a favorecer a pessoa ou a terem uma expressão positiva de longo alcance. Inversamente, quando esses graus estão no ocaso ou no fundo do céu, indicam eventos negativos, demoras etc. Já que tanto o ponto mais alto quanto o mais baixo desses graus ocorrem seis vezes por dia, não há muito o que esperar sob a forma de eventos perceptíveis, exceto ocasionalmente — esses ritmos refletem com maior exatidão a delicada sintonia de eventos ou ocorrências diários mais sutis, que nos afetam sem que o saibamos.

Os Ciclos Lunares

A influência da Lua sobre o comportamento humano tem sido objeto de muitas crenças e de muita controvérsia desde o alvorecer da história. Hoje em dia, dificilmente alguém negaria que a Lua tem *alguma* influência sobre o homem e seu meio ambiente; mas saber quais são exatamente os seus efeitos gera um debate muito acalorado — que continuará nos próximos tempos.

Para nós, é ponto pacífico, por exemplo, que a ação interativa da Terra, da Lua e do Sol determina o ciclo das marés. Isso parece um fato óbvio e inegavelmente científico. Mas a aceitação dessa correlação por parte da ciência é mais recente do que se pode imaginar. Até mesmo Galileu, o fundador da astronomia moderna, acreditava que ''qualquer ligação entre as marés e a Lua cai na categoria do oculto''.

É claro que agora sabemos mais ou, pelo menos, assim pensamos, embora hoje ainda haja cientistas que acreditam não serem as marés provocadas pelo movimento da Lua, achando que são ocorrências meramente sincrônicas — uma distinção sutil, mas que pode ser aplicada a muitos dos reconhecidos efeitos da astrologia.

Mas se aceitarmos que a Lua provoca as marés, com certeza acreditaremos também que ela tenha provocado uma série de outros eventos através de toda a história. Durante séculos, os lavradores plantaram de acordo com as fases da Lua, e leis chegaram a ser promulgadas para regular as ações humanas em períodos de tensão lunar. Na Inglaterra, até o século XVIII, um assassino poderia alegar "lunatismo" se houvesse cometido o crime durante a Lua cheia e, por conseguinte, receberia uma pena mais leve.

Também se pensava que as feiticeiras se ocupavam de ofícios demoníacos durante a Lua cheia, quando aspiravam o vapor das sementes de beladona (saturadas de escopolamina), que queimavam, e realizavam orgias obscenas. Inversamente, pensava-se que, durante a Lua nova, os assassinos e os maus espíritos se ausentavam — ocorrência mais do que provável nas noites mais escuras do mês — um descanso do Mal.

Mas este século trouxe uma grande profusão de pesquisas sobre o assunto, que serviram para confirmar muitas das antigas crenças acerca da influência da Lua.

Talvez a pesquisa mais recente e mais elogiada seja a do Dr. Arnold Lieber e sua equipe, do Departamento de Psicologia da Universidade de Miami. Essa pesquisa relaciona os índices de assassinato nos municípios de Miami e Cleveland com as fases da Lua, num período de 15 anos. Os índices criminais alcançaram sistematicamente os seus pontos máximos durante as Luas nova e cheia, e caíam no quarto crescente e minguante. Segundo Lieber, o gráfico de 15 anos daí resultante era quase exatamente idêntico ao diagrama das marés locais para o mesmo período.

Embora a pesquisa do Dr. Lieber seja a mais recente, este não foi o primeiro trabalho na área. Um relatório mais antigo, feito pelo Departamento de Polícia da Filadélfia para o Instituto Americano de Climatologia Médica, intitulado "A influência da Lua cheia sobre o comportamento humano", revela que durante essa fase assinala-se o pico mensal de crimes violentos e por motivos psicóticos, tais como incêndio premeditado, dirigir veículos de forma destrutiva, cleptomania e homicídio cometido sob a ação do álcool.

A explicação que o Dr. Lieber dá a esse fenômeno criminoso é, na verdade, uma hipótese. Ele diz que o corpo humano, à semelhança da Terra, contituído por cerca de 80% de água, está sujeito às "marés biológicas", que resultam em transbordamentos da energia emocional nos picos dos ciclos mensais. Mas, qualquer que seja a razão, a maioria dos delegados de polícia pode dizer que espera uma noite movimentada durante a Lua cheia, principalmente quando ela coincide com uma noite de sábado, normalmente turbulenta.

Mas, se há um número maior de vítimas sangrando durante a Lua cheia, também há um número maior de pacientes hospitalares submetendo-se voluntariamente à cirurgia. Numa tabulação de 1.000 tonsilectomias (cirurgia das amígdalas), o Dr. Edson J. Andrews, de Tallahassee, Flórida, informa (no *Journal of the Florida Medical Association*) que 82% dos principais sangramentos pós-operatórios ocorreram mais perto da Lua cheia do que da Lua nova, mesmo com um número menor de admissões naquele período!

Parece que o sangue corre de muitas formas durante a Lua cheia. Curtis Jackson, superintendente do Hospital Metodista da Califórnia do Sul, informa que, na Lua crescente, são concebidos mais bebês do que na minguante. Suas estatísticas, abrangendo 11.025 nascimentos, num período de seis anos (são 38 toneladas de bebês), mostram 5.975 nascimentos durante a Lua crescente, para 5.050 na Lua minguante; todos os meses o número de nascimentos durante a Lua crescente superava os da Lua minguante.

Estudos anteriores, feitos nos anos 30 pelo Dr. W. Buehler, na Alemanha, mostraram uma predominância de nascimentos de meninos, também durante a Lua crescente, numa análise de 33.000 nascimentos.

Inversamente, as mortes (por tuberculose, nesse caso) ocorrem com maior freqüência 7 dias depois da Lua cheia e, com menor freqüência, 11 dias antes, segundo um estudo do Dr. F. Peterson, de Chicago. Mas, até a presente data não foi feito nenhum estudo em larga escala sobre a morte e as fases lunares.

Os seres humanos não são as únicas criaturas a serem afetadas pela Lua. Os lavradores plantam de acordo com as fases lunares, entre outras coisas, escolhendo especialmente o período imediatamente posterior às Luas cheia e nova. Uma possível confirmação desse bucólico senso comum é o estudo climático feito por Donald Bradly, em 1962, na Nova Inglaterra, abrangendo um período de 5 anos e segundo o qual as chuvas são sistematicamente mais fortes depois das Luas nova e cheia.

Os doutores H. H. Burr e F. S. C. Northrop dizem que o potencial elétrico da madeira do bordo, do olmo e do carvalho muda com as fases da Lua — talvez seja esta a razão de os fazendeiros dizerem que os telhados de madeira viram e os moirões brotam se forem assentados na fase errada da Lua.

Também os contratos para o corte de madeira de lei nas florestas da América do Sul e do Extremo Oriente quase sempre exigem que só se corte durante a Lua minguante. O motivo? Durante a Lua crescente, as árvores se abarrotam de seiva, que escorre abundantemente durante o corte, atraindo besouros que devastam a madeira colhida. Desse modo, para preservar a safra, colhe-se somente durante a Lua minguante.

Experimentos feitos pelo Prof. Frank A. Brown, da Universidade Northwestern, mostram que os animais também são influenciados pela Lua. O berne muda o seu movimento de escavação de sentido horário para anti-horário, de acordo com as fases da Lua; as ostras, removidas do fundo do mar e trazidas para a terra, abriram-se e fecharam-se segundo o que seriam as horas das marés na sua nova posição. Outros experimentos com caranguejos do gênero Uca, num meio ambiente totalmente vedado, revelaram uma menor atividade deles quando a Lua estava acima do horizonte, da mesma forma que estariam se pudessem vê-la.

O mais interessante de tudo é a descoberta da Comissão de Energia Atômica — relatório da Sandia Laboratories no Novo México —, de que a probabilidade de acidentes entre seus empregados, num período de 20 anos, parecia atingir o seu pico quando a Lua estava na fase oposta àquela em que estivera na hora do nascimento da vítima do acidente! De repente, uma simples pesquisa de ciclos revela-se astrologia pura!

Os Ciclos Lunares na Astrologia

A astrologia geralmente considera a Lua o terceiro ponto mais importante da carta natal, vindo depois do Sol e do ascendente. Como o mais próximo e mais importante para a Terra dentre todos os corpos refletores do sistema solar, ela representa no indivíduo as características de natureza reflexiva, passiva e receptiva. Desse modo, enquanto o Sol representa a abordagem potencial a uma dada situação, a Lua simboliza a reação provável à mesma situação. Assim, nas sociedades de orientação masculina, a Lua tem sido considerada mais freqüentemente como representativa da mulher do que como símbolo do lado receptivo da polaridade agressividade-receptividade de todo indivíduo.

Embora a Lua possa significar receptividade numa carta natal, ela tem efeitos muito ativos na vida das pessoas enquanto corpo celeste de trânsito diário, segundo a experiência astrológica.

Seus dois ciclos — o de 27 dias e meio por signo, e o de 29 dias e meio por fase — têm uma influência evidente sobre o indivíduo e sobre o meio ambiente com o qual ele tem de lidar no dia-a-dia.

O ciclo das fases, de 29 dias e meio, de uma Lua cheia a outra, é o mais óbvio e o mais fácil de lidar dos dois. Qualquer calendário e muitos jornais dizem quando as fases da Lua ocorrem, e vale a pena acompanhá-las, pois isso ajuda a desobstruir o caminho pelo mês afora. Tendo em mente as estatísticas criminais mencionadas acima, é uma boa idéia ficar longe dos bares e das ruas escuras durante as Luas cheia e nova. A tensão aumenta muito nesses períodos, tanto em casa quanto no trabalho, e é possível evitar muitas discussões e desavenças emocionais se nos lembrarmos disso.

Por outro lado, numa situação emocional positiva — uma festa, um feriado, um caso de amor —, as Luas cheia e nova podem ser cavalgadas como a crista de uma onda, levando a novas alturas de prazer e alegria. A chave para um resultado positivo é, em qualquer dos casos, cavalgar a onda conscientemente. As tentativas de controlar a situação em geral fazem com que ela se desgoverne, mais do que o contrário. O melhor é simplesmente abandonar-se à correnteza e deixar que ela nos leve para onde for — viajar com a maré, em vez de tentar dominá-la.

A diferença emocional que há entre a Lua cheia e a Lua nova é que a primeira é mais extrovertida e amante das diversões, ao passo que a última é mais reservada e introspectiva. A Lua nova é tão intensa quanto a cheia, mas muito mais contida.

Durante os quartos da Lua, os critérios racionais estão em plena atividade e é quando a inteligência está mais clara. É um bom período para realizar os trabalhos cotidianos, e um problema real com esse espaço de tempo é a falta de inspiração e de intensidade emocional. Trata-se de um período particularmente bom para fazer coisas que seriam mais perigosas durante as Luas cheia ou nova — dirigir (evitar motoristas bêbados), lidar com situações emocionais ou físicas que sejam melindrosas, e coisas do gênero —, coisas que devem ser feitas quando os seus nervos (e os das pessoas que o rodeiam) estão bem-equilibrados.

Os efeitos desse ciclo de 29 dias e meio são relativamente uniformes na maioria dos indivíduos — na verdade, são semelhantes ao efeito das marés sobre a massa da sociedade e da vida biológica em geral, refletido num maior ou menor grau nos próprios indivíduos.

Mas o ciclo lunar astrológico propriamente dito — o ciclo de 27 dias e meio (o tempo despendido pela Lua para completar os 360° do zodíaco tropical) — segue outra direção. Seus efeitos dependem estritamente da carta natal de cada indivíduo e variam radicalmente de pessoa para pessoa.

O método mais fácil parece ser o de simplesmente tomar o horóscopo natal e observar o trânsito da Lua durante esse ciclo. Segundo a tradição astrológica, a maioria dos eventos deve ocorrer quando a Lua entrar em contato com as áreas mais importantes do horóscopo.

Mas a observação corrente revela que essa não é uma regra geral; aliás, não é sequer muito freqüente. Cada carta parece, ao contrário, responder ao seu próprio ritmo lunar, com os pontos mais sensíveis centrados mais fortemente nas áreas ocupadas pelo maior número de pontos médios e pelo menor número de aspectos harmônicos, do que nas áreas ocupadas pelos próprios corpos celestes.

Para o leigo ou iniciante há uma forma mais fácil de identificar o momento e as características das atividades máxima e mínima do ciclo de 27 dias e meio, do que calcular e localizar dezenas de posições hipotéticas. Assinale simplesmente no seu calendário os períodos em que a Lua se encontra em cada um dos signos, por um período que compreenda vários meses (alguns calendários já trazem essa indicação, mas você mesmo pode fazê-la usando um diário); observe e registre o tipo de atividade que ocorre durante todo esse tempo. Isso lhe dará uma boa idéia do que esperar da sua própria vida quando a Lua está em diferentes signos — observações posteriores serviriam para corrigi-la e refiná-la. Esse mapeamento, baseado em experiências concretas e repetidas, será mais útil do que trabalhar com teorias mais hipotéticas, e poupará incontáveis folhas de computador, necessárias para realizar uma análise harmônica que levaria você às mesmas conclusões. Tosco mas eficiente.

No final você descobrirá um ou dois pontos altos e baixos no mês lunar, que são relativamente previsíveis. Muitas vezes haverá um ponto baixo evidente em oposição ao seu Sol e um ponto alto distinto sobre o seu Sol e/ou seu ascendente, mas nem sempre. O que vai aparecer, independente disso, é um ritmo lunar que pode ser útil no planejamento dos seus projetos, de modo que você possa descansar nos pontos baixos e reservar as coisas mais importantes para quando estiver em melhores condições.

Uma outra função astrológica do ciclo de 27 dias e meio é o fenômeno que ocorre aproximadamente a cada 2 ou 2 dias e meio, chamado de Lua de curso nulo. Esse fenômeno é simplesmente o período de tempo compreendido entre a hora em que a Lua formou o seu último aspecto importante, antes de deixar um signo e entrar no signo seguinte. Segundo os princípios da astrologia horária, esses períodos são considerados impróprios para atividades ou decisões importantes ou duradouras. Acredita-se que a Lua, flutuando livremente, sem estar ligada por nenhum aspecto a qualquer outro corpo, constitua uma base precária para toda ação que precise de continuidade.

Esse pode ser um fundamento teórico muito frágil, mas seus resultados práticos são surpreendentes. Os períodos da Lua de curso nulo parecem, de fato, desfavoráveis para decisões a longo prazo, levando quase inevitavelmente a maus resultados. Na verdade, esses períodos parecem muito melhores para a introspecção e a quebra de hábitos ou atitudes reforçados por crenças ou modelos rotineiros.

Os períodos de curso nulo podem ser facilmente calculados pelo estudante de astrologia que disponha de uma efeméride com aspectário (como a de *Rafael*) para encontrar o último aspecto importante (conjunção, oposição, trígono, quadratura, sextil) antes de a Lua ter mudado de signo. Os períodos de curso nulo são dados ao leigo por alguns calendários astrológicos, assim como na nova efeméride astrológica de Neil Michelsen — para obter mais informações, escreva para ele no seguinte endereço: 129 Secor Lane, Pelham, New York, 10803. Esse é um fenômeno que vale a pena verificar.

Os ciclos lunares, entre os mais curtos de todos os ciclos planetários, também têm uma interpretação de longo alcance na astrologia. É o ciclo da Lua progredida (em progressão secundária).

Na astrologia, a progressão secundária equipara o movimento diário de um corpo depois do nascimento a um movimento anual. Desse modo, a Lua, que se move normalmente por 13 graus do zodíaco num dia, move-se 13 graus no zodíaco por ano, segundo a progressão secundária.

Assim, um ciclo completo de 27 dias e meio estende-se para 27 anos e meio. Os efeitos desse ciclo simbólico e matematicamente hipotético são considerados, em grande parte, psicológicos e emocionais. Presume-se que o indivíduo que tenha 27 anos e meio já tenha vivido emocionalmente todas as características básicas da experiência psicológica que virá a conhecer, da forma descrita pela passagem da Lua, por progressão, pelos vários signos zodiacais. Toda experiência posterior é uma repetição e uma ampliação desse modelo original de desenvolvimento emocional.

Os efeitos do ciclo lunar progredido durante a vida são mais perceptíveis nos seus picos e vales — isto é, no final de um ciclo completo de 27 anos e meio e na metade desse período, a cada 13 anos e nove meses.

O primeiro meio ciclo, na idade de 13 anos e nove meses, é o período naturalmente problemático da puberdade, marcado também por várias outras subdivisões cíclicas que discutiremos mais tarde. Pela primeira vez desde o nascimento, a Lua progredida faz uma oposição à Lua natal, e as emoções íntimas conflitam-se entre si, marcadas por oscilações radicais do estado de espírito e pelas reviravoltas implícitas numa oposição.

Aos 27 anos e seis meses, a Lua progredida retorna à sua posição natal, indicando justamente o contrário — um período de estabilização das emoções. O indivíduo já explorou toda a gama de suas qualidades emocionais, e a personalidade completa o processo de maturação dos anos da juventude.

Na época da oposição seguinte entre a Lua progredida e a Lua natal, por volta dos 41 anos de idade, o indivíduo entra novamente em crise (com a ajuda de outros ciclos também). A meia-idade chega de repente, e as emoções sofrem outra reviravolta — as realizações da vida, como aceitar a velhice iminente, a fugacidade da juventude e coisas do gênero. É um período muito importante para o desenvolvimento da personalidade e os problemas que engendra fazem dessa idade o segundo momento mais provável de se cometer suicídio (depois do período da adolescência, entre os 13 e os 19 anos).

O segundo retorno da Lua progredida, na idade de 55 anos, marca uma mudança para a direção oposta. Nessa época, o indivíduo já aprendeu a aceitar a velhice próxima e a saborear os frutos de uma vida de trabalho. Nesse momento da vida, a pessoa é considerada por seu par como alguém em seu campo de interesse e, em vez de simplesmente descansar sobre os louros, continua rumo a maiores realizações, impulsionada por uma confiança inabalável nas próprias capacidades.

A fase lunar seguinte, geralmente a última, vem pouco antes dos 69 anos e indica a mistura de emoções com que todos nós temos de encarar a morte. Nessa época, a maioria das pessoas tem consciência de que a morte pode vir a qualquer momento, mesmo para um indivíduo saudável, e não é fácil conviver com isso. Em nossa sociedade, a aposentadoria é, então, um fato consumado, e a inutilidade social, unida à iminência da Ceifadora Implacável, faz com que alguns se acostumem à idéia. É o último dos 70 anos de vida que nos foram concedidos.

É claro que esses são apenas os ciclos médios que afetam (ou afligem) a maioria da população, da forma acima descrita. As circunstâncias específicas muitas vezes alteram totalmente os efeitos prováveis de um ciclo — um homem que herda um milhão de dólares aos 41 anos tende naturalmente a se preocupar menos com a crise da meia-idade, ao passo que o moribundo de 55 anos não tende a regozijar-se com suas realizações.

Mas, em geral, os ciclos da Lua progredida, juntamente com outros ciclos fixos a serem discutidos adiante, realmente fornecem um quadro preciso do desenvolvimento psicológico conhecido e dos períodos de crise do indivíduo médio.

Os ciclos lunares, quer mensais, quer progredidos, são os mais imediatamente perceptíveis quanto aos efeitos sobre o comportamento animal e humano. A exploração científica dos efeitos biológicos dos ritmos da Lua tem sido — e continuará sendo — a ponta-de-lança da confirmação dos princípios astrológicos.

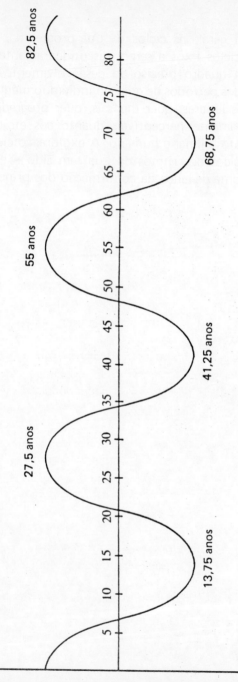

Os Ciclos Solares

Se os ciclos mais curtos da Lua são os mais perceptíveis quanto a seus efeitos sobre o comportamento humano, o ciclo solar é o mais crítico para a existência da vida humana em si. Toda a vida sobre a terra depende da repetição anual do ciclo solar, determinado pela revolução da Terra em torno do Sol e pela inclinação do nosso planeta em relação ao seu plano orbital. As mudanças de estação assim criadas determinam as condições meteorológicas, as reservas de alimento e as regiões habitáveis, que tornam possível nossa existência.

O reconhecimento de nossa dependência do Sol impregna profundamente as religiões e os costumes sociais, tanto os antigos quanto os modernos.

A maior importância é dada, logicamente, ao início de cada uma das quatro estações, quando o eixo da Terra aponta para o Sol, afasta-se ou está paralelo a ele. Milhares de anos antes da era cristã, os homens já estavam construindo enormes observatórios de pedra para, todos os anos, determinar com exatidão esses momentos. No mundo inteiro, o homem primitivo sempre realizou suas grandes festas nos solstícios e equinócios, celebrando a continuidade do ciclo que concedia vida e proteção à humanidade.

Quando as religiões mais modernas surgiram e expressaram esse ciclo de nascimento-morte-renascimento das estações em termos mais antropomórficos, como o dogma cristão, as festas religiosas conservaram suas datas e, assim, sua integridade, na mudança das estações.

O solstício de inverno passou por vários nomes — foi a Saturnália romana, Hannukah, a festa céltica, e o Natal — mas seu espírito sempre foi o mesmo. Ainda é, e mais do que nunca, uma época de gastos despreocupados, de celebração e troca de presentes, exatamente como no tempo dos romanos.

Na Roma antiga, o equinócio da primavera indicava o começo do novo ano e, hoje em dia, está disfarçado na Páscoa (uma festa determinada pelo equinócio — no primeiro domingo depois da primeira Lua cheia que se segue ao equinócio).

A festa do solstício de verão, tão cara aos druidas e aos ingleses medievais, ressurgiu nos Estados Unidos com duas semanas de atraso, no dia 4 de julho (e, na França, uma semana antes do solstício, no Dia da Queda da Bastilha).

No outono, as festas da colheita sobrevivem em feriados tão diversos quanto a Festa de Outubro, o Rosh Hashnah, e o Dia do Trabalho. Esses feriados mudam de geração a geração, mas a sua base solar fundamental continua a mesma.

Embora os efeitos do ciclo solar anual sejam muito evidentes para todos, há um outro ciclo solar que só veio à luz este século. É o ciclo de 11 anos das manchas solares.

A cada 11 anos há um período de máxima atividade das manchas solares, seguido, 5 anos e meio depois, de um período de relativa tranqüilidade na superfície do Sol. Durante os períodos de pico, as áreas de manchas solares emitem uma ampla gama de intensas radiações eletromagnéticas e, também, de rádio, provocando alguns efeitos físicos óbvios sobre a Terra, tais como uma maior interferência nas ondas de rádio e auroras boreais e austrais mais intensificadas, indicando um aumento no bombardeio de radiação solar sobre o invólucro magnético da Terra.

Mas, aparentemente, esses ciclos das manchas solares também têm efeitos biológicos. Durante a década de 30, o Dr. Miki Takata descobriu que o "índice de floculação" da linfa do sangue humano era afetado pelo início do pico de atividade das manchas solares. Descobriu-se, na mesma década, que estes ciclos alteram significativamente o crescimento dos anéis dos troncos de árvore — uma descoberta que começou recentemente a ser utilizada por arqueólogos, no método de datação histórica que pesquisa os anéis do pinheiro, servindo para verificar e controlar o método mais antigo do carbono 14.

Mas o mais interessante é a correlação feita pelo professor soviético A. C. Tchyivsky, entre os ciclos das manchas solares e o que ele chama de "ciclo de excitação das massas humanas". Ele descobriu, através de toda a história, que eventos como guerras, migrações, cruzadas, insurreições, revoluções etc., parecem se agrupar em torno dos períodos de pico das manchas solares. Verificou que 60% desses eventos ocorriam nos três anos que circundam os picos, ao passo que só 5% haviam ocorrido nos períodos de menor atividade das manchas solares.

Esse tipo de análise do comportamento humano, através da história, colore-se, naturalmente, com a visão histórica do pesquisador, mas, em todo caso, é aceitável a teoria de que o pico das atividades das manchas solares realmente estimule níveis mais elevados de ação nos reinos humano, animal e vegetal.

Embora os estudos dos efeitos físicos dos ciclos solares sobre as criaturas vivas ainda estejam nos estágios mais primitivos, os efeitos astrológicos desse ciclo estão muito bem-definidos e, na verdade, chegam a constituir a base fundamental desse campo, pois é a divisão desse ciclo em 12 que determina os signos do zodíaco, o pano de fundo sobre o qual se passam todas as ocorrências astrológicas. Os ciclos da Lua e de todos os outros planetas ganham significação por estarem dispostos sobre o campo criado pelo ciclo solar anual, com o início das estações indicando os signos dianteiros, ou os signos cardinais.

À primeira vista, as características dos signos parecem se encaixar bem demais nas estações do hemisfério norte — sendo Leão estival, Capricórnio invernal etc. Se esse fosse rigorosamente o caso, os atributos dos signos se inverteriam no hemisfério sul e perderiam totalmente suas particularidades no equador.

Mas, segundo a experiência astrológica, não é isso que acontece. Em todas as formas de astrologia — natal, horária e outras — os signos mantêm características uniformes por todo o globo.

Todo mundo se pergunta até hoje: se suas origens não são as estações, o que determina as particularidades dos signos? O mais provável é que seja uma combinação de fatores. Culturalmente falando, as características dos signos, com certeza, foram influenciadas pelas características das estações do hemisfério norte, pois foi aí que a astrologia se desenvolveu. Em termos astronômicos, poderia ser a relação entre o eixo polar e o centro da galáxia, um bom argumento em favor da astrologia sideral ou da mudança das características dos signos em função da precessão dos equinócios. E também poderia ser a relação das velocidades variáveis do Sol e da Terra, à medida que ambos giram em torno um do outro em sua órbita pela galáxia, produzindo um efeito cíclico do tipo Doppler na radiação que atinge a Terra, e que provém tanto do Sol quanto do centro da galáxia. Há tantas variáveis importantes, que realmente ainda não podemos afirmar nada com muita segurança, pois só temos uns poucos milhares de anos de experiência na avaliação das características e da possível variabilidade dos signos.

Mas, trabalhando numa escala espaço-tempo menos grandiosa, os efeitos astrológicos do ciclo solar são importantes e únicos para cada indivíduo, dependendo da sua carta natal. Os efeitos gerais caem em duas categorias, uma relacionada com o dia do aniversário do nativo (a posição de seu Sol natal) e a outra com a hora do seu nascimento (que determina o ascendente e as outras cúspides de casas).

A primeira categoria é a mais simples e a mais genérica. Como numa carta natal o Sol representa a energia primordial, tanto física quanto emocional, quando ele, em trânsito, retorna à sua posição natal a cada ano, tende a reforçar sua influência para abastecer o indivíduo de energia nessa época do ano. Na verdade, supõe-se que uma carta calculada de acordo com o

38

momento exato em que o Sol retorna à sua posição natal (o mapa do retorno solar) delineia os padrões energéticos e ocorrências do novo ano do indivíduo. Isso pode variar, mas o efeito geral do período de retorno do Sol é benéfico e carregado de energia; essa talvez seja uma explicação para as recentes descobertas de que, em termos estatísticos, as pessoas tendem a morrer um pouco depois de seu aniversário, quando a energia começa a minguar com mais freqüência, do que no mês que precede essa data.

Inversamente, o período do ano oposto ao aniversário (baixa solar) é, em geral, uma época em que o indivíduo toca o fundo do poço. Indica propensão para a fadiga, baixa resistência às viroses e um período de depressão genérica. Embora poucos astrólogos a usem, uma carta de baixa solar calculada para esse momento parece revelar um quadro bastante razoável dos possíveis reveses do próximo ano do nativo. Para os que sabem esperá-lo, é um bom período para tirar férias ou simplesmente descansar um pouco.

Naturalmente, tanto os efeitos da alta quanto da baixa solar estão sujeitos à influência amenizadora de outras posições planetárias da carta natal. As pessoas que têm um *stellium* envolvendo a Lua em oposição ao Sol podem achar a baixa solar mais estimulante que a alta, por exemplo.

Os efeitos do ciclo solar em relação ao ascendente e às casas da carta natal são igualmente visíveis, mas de forma mais externa. Todo ano, quando o Sol passa sobre o ascendente de uma pessoa, é provável que ela perceba estar sendo mais notada pelos outros e, em geral, vista sob uma luz melhor e mais favorável do que em outras épocas do ano (e o oposto seis meses depois). É como se o Sol atuasse como um foco sobre a mente humana, fazendo com que, ao chegar ao ascendente, a pessoa, de repente, comece a chamar a atenção dos outros, mesmo que tenha passado despercebida antes.

Da mesma forma, quando o Sol passa sobre o meio do céu natal, a reputação e as realizações públicas do nativo se colocam

O CICLO SOLAR — 365 dias e 6 horas

Alta solar — O máximo de energia física, saúde, autoconfiança

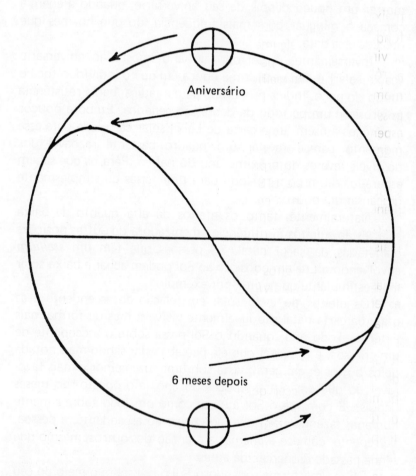

Baixa solar — Pouca energia, saúde mais frágil, refluxo emocional

em evidência. Desse modo, em termos de aplicação prática, a pessoa que estiver procurando emprego faria bem em se apresentar pessoalmente se o Sol estiver transitando sobre seu ascendente — mas se o Sol estiver passando sobre o seu meio do céu, o melhor é mandar um *curriculum vitae*, para ser contratado com base na sua habilitação profissional, com que poderá contar mais nesse momento do que com a aparência pessoal.

É claro que a interação anual desses dois ciclos pode produzir anomalias, algumas engraçadas, outras trágicas. O indivíduo que nasceu ao pôr-do-sol (Sol oposto ao ascendente) em geral parece estar melhor quando se sente pior (Sol sobre o ascendente, baixa solar), e vice-versa. E a pessoa nascida à meia-noite (Sol oposto ao meio do céu) estará em suas piores condições físicas (baixa solar), quando as oportunidades lhe batem à porta (Sol sobre o seu meio do céu), passando a vida nos bastidores, segundo a interpretação tradicional dessa posição solar.

À medida que o Sol se movimenta pelas casas durante o ano, tende também a energizar as áreas que cada uma das casas tradicionalmente governa, mas seu efeito é menos perceptível e menos marcante do que quando está próximo do ascendente ou do meio do céu.

Embora os efeitos desses dois ciclos variem de intensidade de indivíduo para indivíduo, os fenômenos essenciais costumam ser visíveis em todos.

O conhecimento desses ciclos solares básicos é útil tanto para o astrólogo quanto para o leigo, pois fornece um bom quadro das oportunidades e energias básicas, com o qual poderá planejar o ano de modo a aproveitar o melhor período para se mostrar e reconhecer quando é mais sábio bater em retirada e recarregar as energias.

Os planetas Mercúrio e Vênus, vistos da Terra, viajam com o Sol no ciclo anual. Como suas órbitas são interiores em relação à nossa, nunca os vemos muito longe do Sol. Eles servem, em grande parte, para reforçar, numa base cíclica, os efeitos do ciclo solar, mas realmente têm uma influência própria quando

O CICLO SOL/MEIO DO CÉU

Reputação em alta anual — renovação das energias profissionais

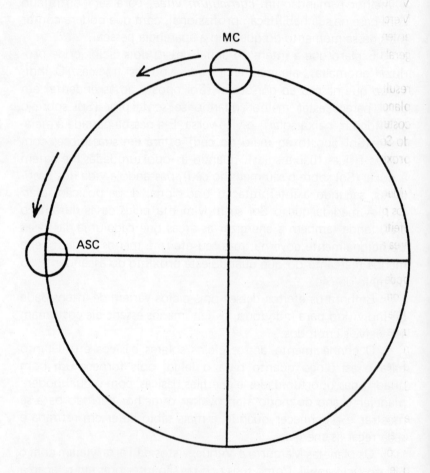

O CICLO SOL/ASCENDENTE

Resposta positiva à imagem pessoal — muita energia física

tocam, digamos, o Sol natal, o ascendente e o meio do céu. Por causa da variação de suas velocidades, incluindo a retrogradação, eles parecem atingir o mesmo ponto duas ou mais vezes num mesmo período do ano, em vez de apenas uma. Resumidamente: Vênus dará boa aparência ou eventos favoráveis, enquanto Mercúrio proporcionará inspiração intelectual ou clareza de entendimento — mas, uma análise dos efeitos dos trânsitos em geral ultrapassa o alcance deste livro.

Há outro ciclo solar muito importante — que na verdade resulta de outro ciclo —, o ciclo de 19 anos do movimento do plano da órbita da Lua. É o ciclo dos eclipses solares e, embora costume haver ao menos um ou dois eclipses parciais ou totais do Sol o ano todo, indica que geralmente haverá um eclipse nas proximidades do mesmo grau do zodíaco a cada 19 anos.

Um eclipse solar exercerá pouca influência sobre um indivíduo, a menos que ocorra sobre o grau em que se encontra um dos planetas ou um dos ângulos da sua carta. Nesse caso, terá o efeito de uma reviravolta ou repolarização súbita nos eventos da área afetada.

Desse modo, um eclipse sobre o ascendente de uma pessoa pode fazer com que ela mude radicalmente a própria aparência (como deixar a barba crescer, ou raspá-la, tingir o cabelo, adotar uma nova forma de se vestir etc.); ou pode estar associado a uma ocorrência exterior que provoque uma mudança da aparência (um acidente, novas condições financeiras etc.). E, então, dezenove anos depois, haverá outro eclipse próximo do mesmo grau do zodíaco, e uma outra série de mudanças se manifestará.

Para a pessoa média, isso significaria ter um eclipse por ano em alguma área da sua carta. Mas poucas cartas natais são estatisticamente médias, de modo que a maioria passa alguns anos incólume e depois acontecem dois ou três eclipses num só ano, que marcarão um período de mudanças evidentes, e que se repetirão a cada dezenove anos.

Esse não é um ciclo absolutamente rigoroso e, às vezes, reduz-se para 18 anos ou amplia-se para 20 anos, para que o eclipse ocorra nas proximidades do mesmo grau do zodíaco; mas sua média é de 19 anos e é melhor usar uma efeméride para determinar a data exata do eclipse, pois vale a pena observar seus efeitos — e ficar atento.

No todo, os ciclos solares são os mais confiáveis em termos de efeitos previsíveis sobre um determinado indivíduo, assim como os ciclos mensais lunares são os mais perceptíveis entre as massas de indivíduos, considerados durante um curto período de tempo. A consciência da alta e da baixa solar e da passagem do Sol sobre os ângulos da carta natal talvez seja a coisa mais preciosa que o conhecimento dos ciclos pode fornecer — esses dados podem poupar energia e tempo incalculáveis, assim como dissabores desnecessários, ao indivíduo que os conhece.

Os Ciclos Planetários

A pesquisa científica formal, relativa à influência dos ciclos planetários sobre o comportamento humano, não tem sido muito desenvolvida, se é que existe. A maioria dos pesquisadores de outras áreas que não a astrologia consideram esses corpos distantes demais para terem qualquer efeito mensurável sobre o plano biológico.

Mas, para o astrólogo, esses ciclos, principalmente os de Júpiter e Saturno, têm uma importância enorme, e contrabalançam a influência do Sol e da Lua por seus efeitos de grande amplitude, tanto sobre o indivíduo quanto sobre a humanidade em geral. Representam a estrutura dos eventos externos que moldam a vida de uma pessoa, de modo relativamente regular e previsível.

Dos seis planetas cujas órbitas são exteriores à da Terra (os dois planetas interiores, Mercúrio e Vênus, fazem parte do ciclo do Sol), apenas três têm ciclos suficientemente curtos para se completarem durante o período de vida normal do ser humano.

O menor desses ciclos é o de Marte, com uma duração de quase dois anos (cerca de 23 meses). Na astrologia, o planeta Marte representa a energia física do indivíduo, e seu ciclo relaciona-se, portanto, com as quantidades variáveis de energia de que a pessoa dispõe durante cada período de dois anos e, também, com a influência dessa energia sobre a carreira e a vida pessoal do indivíduo.

O início e o fim de cada ciclo de Marte, quando ele retorna à sua posição natal na carta de nascimento, marcam o pico da energia pessoal. Isso não significa apenas que o indivíduo se sinta mais forte ou mais vigoroso (embora isso seja freqüente). Simplesmente acontecem mais coisas, que tanto requerem quanto estimulam o dispêndio de energia.

Por conseguinte, o indivíduo muitas vezes acha que essa é uma época de novos projetos e compromissos, freqüentemente acompanhados de uma faixa salarial mais alta e de maior responsabilidade, bem como de dispêndio de tempo/energia ocasionado pela mudança de *status*. Naturalmente, é um bom período para se começar um novo projeto ou arranjar um novo emprego e, inversamente, novos projetos e empregos simplesmente aparecem nessa época.

No lado difícil do ciclo, quando Marte se opõe à sua posição natal, as energias estão em baixa e o interesse pelos projetos e compromissos em andamento cai muito. É como se o entusiasmo pelos projetos iniciados durante a alta de Marte se esgotasse e a mente se voltasse para novas direções que poderão se concretizar na alta seguinte. Nessa medida, é um ciclo de interesse, assim como de energia.

No aconselhamento astrológico relativo à carreira, esse ciclo é particularmente importante, pois faculta ao astrólogo uma idéia mais clara das atuais oportunidades do emprego de seu cliente, se são reais, ou se irão revelar-se transitórias ou de natureza ilusória.

Esse ritmo fixo de Marte, que começa no nascimento e se repete a cada dois anos, é o aspecto mais visível de seu ciclo. Marte também tem um outro ciclo de dois anos, baseado nos períodos em que ele cruza o ascendente e o meio do céu (ou a cúspide de qualquer das casas), mas seu efeito é mais semelhante ao de um trânsito do que o de uma focalização e aumento gradual da energia, próprios do ciclo fixo de Marte. Desse modo, é possível haver contratempos, quando Marte cruza o ascendente, ou um violento golpe na carreira, quando ele toca o meio do céu, mas não a firme estruturação e subseqüente declínio de energia assinalados pelo retorno e oposição do Marte natal.

* * *

Devido à sua menor velocidade, a influência de Júpiter é muito mais pronunciada e tangível do que a de Marte, não só nos seus pontos culminantes e em seu ponto mais baixo, mas por toda a sua órbita, principalmente quando afeta as casas da carta natal. O mais importante é, naturalmente, o seu ciclo fixo em relação à sua própria posição natal — o retorno e a oposição a Júpiter, num ciclo de 11,88 anos. Júpiter está associado a tudo quanto é expansivo, extrovertido, exuberante etc., e representa o princípio vital da expansão do ego, próprio do Sol, que se manifesta em direções sociais tangíveis — compromissos profissionais em larga escala (em contraposição às alterações menores da própria carreira, como promoções, transferência para uma outra firma etc.). Sua posição natal representa, juntamente com todas as outras posições planetárias, o compromisso original com a vida — a criança sem entraves penetrando livremente na experiência da aprendizagem dos primeiros anos.

Com a idade de seis anos ocorre a primeira oposição natal; a vida escolar geralmente começa aí, e as restrições formais e os limites sociais são impostos à criança pela primeira vez: a energia de Júpiter passa por seu primeiro refluxo. Mas aos doze anos começa a puberdade e, com ela, o salto inevitável para a sexualidade adolescente, que põe tudo de pernas para o ar — novos sentimentos, novas situações, um jogo social e emocional inteiramente novo.

Entretanto, por volta dos dezoito anos, as emoções da sexualidade e da maturidade recém-descobertas são substituídas pela obrigação mais séria de ganhar a vida ou, pelo menos, de estudar em tempo integral para aprender uma profissão — mais um refluxo de Júpiter.

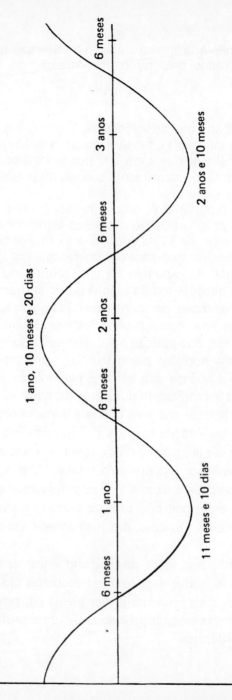

Um pouco antes dos 24 anos, o indivíduo já progrediu bastante na sua maturidade juvenil para começar uma nova fase de expansão pessoal e, no caso dos que estiveram até então estudando para aprender uma profissão, a carreira é iniciada. Em qualquer das duas hipóteses, inicia-se um novo período jupiteriano.

E assim sucedem-se altos e baixos, desde que a vida continue. Os efeitos materiais são diferentes nas diversas idades, particularmente quando os ciclos de Júpiter se combinam com os ciclos de Saturno e outros planetas. Essas influências combinadas, que marcam os períodos críticos de desenvolvimento, serão discutidas no próximo capítulo.

A caminhada de Júpiter pelas casas da carta natal, começando no ascendente, assinala outra série de subciclos de 11,88 anos. Cada subciclo, com sua alta e sua baixa, marca os períodos de atividade e expansão máxima e mínima nos assuntos da casa afetada.

O Ascendente e a Primeira Casa — Quando Júpiter passa sobre o ascendente, tende a tirar a personalidade da sua concha e a colocá-la em evidência, chamando a atenção dos outros. Marca um período de muita energia e grande atividade onde quer que a aparência pessoal (muito mais que, digamos, os compromissos financeiros) entre em jogo. O esplendor, a agressividade e o carisma estão no auge e o indivíduo descobre que pode distinguir-se e ser aceito, graças à força da sua personalidade, em áreas anteriormente fechadas para ele. Os outros serão convencidos, com muito mais facilidade, de que ele representa uma idéia cuja hora chegou — não necessariamente pelos seus talentos reais, mas porque seu ascendente está na direção para a qual o mundo está olhando em busca de expansão e desenvolvimento. O efeito é parecido com o efeito do ciclo solar anual sobre o ascendente — o signo onde Júpiter se encontra atua como uma espécie de filtro jupiteriano do mundo, e as pessoas que têm aí o seu ascendente parecem ser as mais adequadas para essa função.

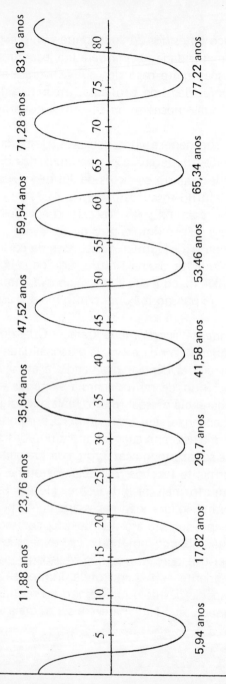

Segunda Casa — Júpiter na segunda casa marca um período de grande movimentação de capital para a maioria das pessoas. Se o indivíduo adquire riquezas durante essa época, tem igualmente a probabilidade de gastá-las com a mesma rapidez com que as obteve. Não necessariamente por capricho, mas simplesmente porque as circunstâncias assim o exigem. Este é um período em que há mais probabilidade de se trabalhar como autônomo, período em que as pessoas o considerarão um perdulário cheio de dinheiro, mesmo que ele não o seja. Em geral é uma época muito gostosa, mas passageira!

Terceira Casa — Este é um período de grande agitação mental, quando as idéias desabrocham na mente sobrecarregada. Muitas dessas idéias são excelentes e, embora não tenham muita validade para essa época, podem ser muito importantes depois. Por isso, é muito aconselhável que você tome nota de todos os seus brilhantes pequenos lampejos, para que não fiquem esquecidos quando puderem ser úteis nos anos seguintes.

Quarta Casa — Pode ou não ser uma época de mudanças. No ano em que Júpiter transita pela quarta casa, quase sempre encontra as pessoas mudando de moradia (casa ou apartamento) ou, pelo menos, fazendo reformas ou mudanças radicais no próprio lar (geralmente aumentos e melhorias). Num sentido mais profundo, pode significar um fortalecimento da sua base emocional e doméstica, mas, no meio da mobília em confusão, isso tende a ser esquecido. As emoções certamente se focalizam no seu interior, mesmo que seja apenas no interior das quatro paredes da sua casa.

Quinta Casa — Este é o melhor período para a criatividade — canções, poemas, pinturas, peças de teatro, dança e tudo o que precisa da inspiração de uma musa. Isso não se aplica somente às artes. Quase tudo requer certo grau de inspiração e criatividade e, por isso, esta época tende a ser muito boa para todo mundo. As atividades, qualquer que seja a sua natureza, tendem a ser mais agradáveis durante esse ano, e as pessoas também tendem a buscar mais prazer e divertimento durante esse período.

Sexta Casa — Júpiter, passando pela sexta casa, tende a apressar o desenvolvimento de todos os tipos de projeto e a cuidar dos negócios em geral. É o melhor período para atar as pontas soltas, cuidar dos detalhes e polir as obras criadas durante a passagem de Júpiter pela quinta casa. Embora não seja uma época de grandes realizações ou de grandes projetos, ela é importante para limpar o caminho e tirar as pedras que podem fazer com que a gente tropece.

Sétima Casa — Este é o ponto mais baixo do ciclo da primeira casa, e um período em que a energia, antes concedida a si mesmo, jorra abundantemente sobre os outros. Em geral, é um ano em que as pessoas fazem muitas amizades e se preocupam mais com o bem-estar alheio do que com o próprio. Costuma ser um período de socialização e integração na matriz social, vivido de forma útil e agradável.

Oitava Casa — Como é o ponto mais baixo do ciclo da segunda casa, este costuma ser o período de maior dependência dos outros, em termos de apoio financeiro, isto é, as rendas da pessoa em geral provêm do trabalho em projetos alheios. É freqüentemente uma época muito tranqüila, e uma época para restaurar e regenerar as energias desgastadas.

Nona Casa — Sendo o ponto mais baixo do ciclo da terceira casa, as palavras não vêm com facilidade, mas os conceitos e as idéias gerais sim. O indivíduo tende a assumir compromissos que na realidade não está muito disposto a cumprir. É como um carro a que se dá partida numa manhã fria — é uma boa hora para se aquecer e estabelecer rumos, mas as saídas rápidas não são aconselháveis.

Décima Casa — Esse é o ponto culminante do ciclo de Júpiter no que toca aos novos planos e à expansão profissional que são, naturalmente, a preocupação da décima casa. O único senão é que este filtro favorável pode se revelar um tanto ilusório e, depois que Júpiter passa esse ponto, as mesmas idéias parecem não ter nem a metade da sua força. É também o ponto mais baixo do ciclo da quarta casa, de modo que a atenção e os cuidados consigo mesmo são negligenciados à medida que as energias se voltam para o exterior, a fim de impressionar o público.

Décima Primeira Casa — Sendo o ponto mais baixo do ciclo da quinta casa, este é um período onde se conta com os outros em termos de criatividade — quando as pessoas se apóiam nos amigos bem-colocados, para usar uma antiga interpretação da décima primeira casa. Se os frutos profissionais do ano anterior foram a metade do que prometiam na época, a boa reputação do indivíduo o leva a circunstâncias mais proveitosas — um período de usufruto pessoal e financeiro dos esforços anteriores.

Décima Segunda Casa — No ponto mais baixo do ciclo da sexta casa, em vez de se lançar sobre os detalhes, ou a pessoa hiberna ou trabalha nos bastidores, preparando-se para o ponto culminante do ciclo do ascendente que vem logo depois. É também um período em que as energias psíquicas chegam ao auge e a época em que há maiores probabilidades de se experimentarem fenômenos psíquicos, de um tipo ou de outro.

O Ciclo Júpiter-Sol — Outro ciclo jupiteriano particularmente importante é o da conjunção e oposição desse planeta em trânsito com o Sol natal. Durante a conjunção, as energias físicas atingem um ponto máximo, e o indivíduo tende a simplesmente jogar-se em todos os projetos e compromissos que aparecem — é um período de otimismo e energia ilimitados, mas que pode levar a uma sobrecarga de trabalho e compromissos que, por sua vez, acarreta prejuízos financeiros e perda de saúde. É melhor ir devagar, usando a energia disponível, sem explorá-la com agressividade exagerada.

Inversamente, durante o ponto mais baixo do ciclo, o indivíduo dispõe de pouca energia e motivação. Sua tendência é cruzar os braços e deixar o mundo girar — o que não é má idéia mas, de novo, não deve ser levada longe demais, senão as oportunidades serão desnecessariamente desperdiçadas. A simples consciência do ciclo possibilita evitar os excessos a que os pontos altos e baixos do ciclo de Júpiter predispõem.

Efeitos semelhantes podem ser observados durante a conjunção e a oposição de Júpiter à Lua natal, mas eles não costumam ser tão pronunciados quanto os aspectos formados com Sol, e tendem a ser mais ativos na vida emocional do que na vida física — por exemplo: superabundância de reações emocionais no ponto culminante e frieza emocional durante a oposição.

* * *

Mas, dentre todos os ciclos planetários, talvez seja o de Saturno o mais importante — principalmente para o astrólogo, pois são os efeitos deste ciclo que lhe proporcionam a maior parte dos trabalhos. Normalmente, pouca gente consulta um astrólogo, a menos que esteja em dificuldades que não podem ser explicadas por outros meios, e essas dificuldades costumam resultar de um ou de outro aspecto do ciclo de Saturno. Muitas pessoas têm uma visão distorcida de Saturno, mas os astrólogos deveriam dedicar-lhe particular afeição, pois sem ele sua profissão, provavelmente, deixaria de existir.

O ciclo de Saturno é o mais longo que a maioria das pessoas tem probabilidade de completar durante a existência — 29,42 anos. Enquanto Júpiter representa os princípios vitais de expansão e extroversão, Saturno simboliza o oposto — restrição, retenção, privação e cristalização. Seus efeitos imediatos geralmente são desagradáveis mas, a longo prazo, Saturno tende a favorecer a estabilidade, a segurança e a acumulação de riquezas. No seu aspecto mais difícil, representa o aprisionamento do indivíduo às circunstâncias externas — na sua melhor faceta, representa a integração do indivíduo ao meio ambiente e à ordem social.

O ciclo de Saturno chega ao seu primeiro ponto de baixa (Saturno em trânsito oposto ao Saturno natal) pouco antes dos 15 anos (14,71 anos). Durante as angústias da adolescência, que começam com o ciclo de Júpiter (aos 12 anos), o indivíduo encontra-se, externamente, no seu período mais anti-social e, internamente, no seu período de menor integração pessoal. É com certeza o período mais difícil para os pais, que são a principal influência saturnina da criança, assim como para seus professores. É um período igualmente difícil para a criança que, no processo de estabelecer sua própria identidade, abandona o conforto e a segurança da sua vida anterior. Em geral, é a época de alienação máxima, com os problemas daí resultantes — alheamento, drogas, delinqüências, suicídio.

Na maioria dos casos, a pessoa, pouco a pouco, entra em acordo com as pressões e exigências da sociedade, atingindo o cume de uma estabilidade recém-descoberta durante o retorno de Saturno, com a idade de 29 anos e seis meses. Para a maioria, é uma fase de consolidação da carreira, do lar e da família. O tumulto da primeira juventude já passou, a meia-idade e suas agonias encontram-se no futuro, a uma distância segura, e esse período costuma ser de esforços sérios e gratificantes para estabelecer e desenvolver condições de vida cada vez mais sólidas. É esse primeiro bafejo favorável de Saturno que restringe os ardores da juventude e, politicamente, tende a fazer com que as pessoas se voltem um pouco mais para a direita.

A baixa seguinte do ciclo de Saturno chega com a idade de 44 anos, a última de uma série de baixas que começa aos 40. O indivíduo se sente madurão e sem contato com a sociedade em geral. Nas mulheres, o problema se agrava com a menopausa e, para todos, esse costuma ser o último degrau da segunda grande crise da vida (a primeira ocorreu na adolescência) e, em função disso, é acompanhada por uma grande elevação do índice de suicídios. É o momento em que é imperiosamente necessário estabelecer uma nova relação consigo mesmo e com o mundo em geral, pois a juventude e seus objetivos já se foram, sendo preciso delinear outros objetivos e adotá-los de todo o coração.

Mas, um pouquinho antes dos 59 anos, toda a história se inverte, e o retorno de Saturno, auxiliado por outros ciclos positivos, encontra o indivíduo emocionalmente reintegrado à sociedade e, para a maioria, esta é a última floração. Os frutos de toda uma vida costumam estar à disposição da pessoa, assim como a capacidade de produzir mais, resultando num sentimento de realização e confiança. E, como os frutos produzidos parecem conseqüência de diretrizes bem-sucedidas no passado, as inclinações políticas tendem, mais uma vez, a se voltar para a direita, geralmente em proporção direta ao sucesso aparente que foi alcançado, o que explica a existência de muitos velhos ricos no Partido Republicano dos Estados Unidos.

A maioria de nós não sobrevive ao lento desmoronar que leva à baixa seguinte de Saturno, por volta dos 73 anos. Para muitos, esse período assinala o fim de um jorro de energia produzido pelo retorno de Júpiter aos 71 anos. É o afastamento da sociedade — o prenúncio da morte.

É claro que, por si mesmo, nenhum ciclo astrológico pode fazer com que alguém morra, mas, aos setenta anos, uma combinação de fragilidade, inutilidade social e baixas energéticas astrológicas é suficiente para levar quase todos ao túmulo. Mas, se os mais saudáveis e protegidos da sorte conseguirem passar pela baixa de Júpiter aos 77 anos, podem esperar um grande número de ciclos de alta energética muito positivos que culminam depois dos 80 anos, e gozar uma vida nova. Astrologicamente, a vida começa aos 80...

O ciclo de 29 anos e seis meses de Saturno, durante o qual ele transita pelas casas natais, é, provavelmente, o mais importante dos ciclos planetários em termos de efeitos de longo alcance sobre a segurança e estabilidade da vida de um indivíduo. Simbolicamente, Saturno é o pagador de tributos e o solidificador das circunstâncias — à medida que circula pela carta natal, ele pulveriza as fraquezas de qualquer área em que toca, e só permite a permanência daquilo que é forte e resistente. Seus primeiros efeitos são o estiolamento e o pôr à prova; seu resultado final, um edifício mais estável, mesmo que um pouco menor. Ele joga fora o joio e deixa o trigo ou, para usar uma linguagem mais bíblica ainda, transforma as adversidades da juventude em sustentáculos da velhice. A curto prazo, Saturno é restritivo e destruidor; a longo prazo, é criativo e evolutivo.

Saturno tende a possuir má reputação entre os astrólogos, por ser a causa da maior parte das atribulações dos seus clientes; mas, analisando de um ponto de vista cíclico, é preciso observar o seu lado mais positivo; senão, conhecê-lo será mais uma questão de vigilância do que de utilidade. Os ciclos de Saturno são os mais proveitosos de todos, e quem se recusa a usufruí-los é realmente infeliz. Poucas coisas de valor duradouro podem ser conseguidas sem luta, e os que fogem ao desafio não encontram recompensas substanciais.

Não queremos dizer com isso que não se devam tomar precauções relativas ao início dos trânsitos importantes de Saturno mas, para nos beneficiarmos com eles, é preciso enfrentá-los. Simplesmente retirar-se antes do tempo para evitar possíveis dificuldades só serve para tornar inúteis os meios e capacidades em que será preciso confiar para se enfrentar o futuro e, talvez, desafios dos quais não seja possível fugir.

Primeira Casa — A passagem de Saturno pelo ascendente e pela primeira casa marca um período de provas para a personalidade e para a força de vontade do indivíduo. Muitas vezes parece que a pessoa anda com um grande peso sobre os ombros. É uma época de desafios pessoais e confrontos com os outros, quando os limites da autoridade pessoal são testados e estabelecidos para os próximos 29 anos e meio. Costuma ser um período de tensão e esforço físico, porém mais em decorrência de um esgotamento emocional do que de danos corporais.

Segunda Casa — Este período marca o estabelecimento de hábitos e costumes orçamentários — o modo de o indivíduo administrar o dinheiro e as propriedades. No começo, o efeito desse trânsito é um empobrecimento real ou iminente, que fará ressaltar a necessidade de um sistema melhor, para o controle e a retenção de fundos. Teoricamente, o resultado final é menos desperdício, uso mais eficiente dos bens pessoais, e uma série de hábitos administrativos que farão frente às dificuldades futuras.

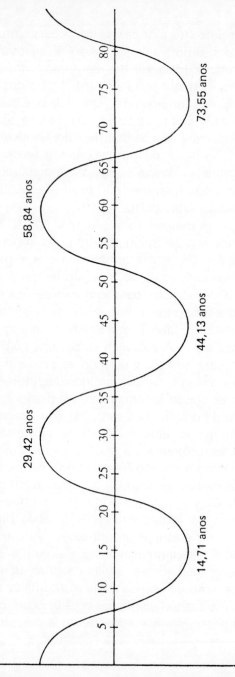

Terceira Casa — Esse é um período de provas e de estabelecimento das idéias e técnicas de se fazerem as coisas. Molda o estilo e a maneira de se praticar a profissão. Tende também a moldar o estilo pessoal — os maneirismos que distinguirão uma pessoa da outra nos anos seguintes. Os excessos aparatosos são desbastados e o modo de expressão pessoal torna-se mais sucinto, constituindo o esqueleto que será recheado durante o resto do ciclo.

Quarta Casa — Freqüentemente, marca um período de maior cuidado com a carreira do que com o lar, cujas necessidades e circunstâncias são reduzidas ao imprescindível. O indivíduo aprende exatamente o quanto precisa de privacidade e isolamento para manter aceso o fogo da sua alma. No melhor dos casos, é uma época de eficiência no viver; no pior, pode-se transformar em mera negligência do lar e na deterioração resultante disso. Se for adequadamente explorado, esse período mostrará, com exatidão, qual é o mínimo com que se pode passar e, ainda assim, fazer de uma casa um lar.

Quinta Casa — O efeito mais visível de Saturno aqui é uma redução significativa do impulso sexual. Mas isso é apenas um reflexo das restrições aos assuntos da quinta casa em geral. É um período de pouca criação artística, mas é também uma lição de como viver sem a musa, que não pode simplesmente estar à disposição do indivíduo, durante vinte e quatro horas por dia. Em geral, esse trânsito oferece a oportunidade de conhecer alternativas proveitosas ou substitutos das atividades lúdicas, quer sejam sexuais, quer sejam artísticas, que vão escorar a personalidade no futuro, quando a musa (ou amante) sair para almoçar.

Sexta Casa — Este é um período em que o indivíduo descobre qual é, exatamente, o mínimo de trabalho capaz de garantir o próprio sustento. Não tanto por preguiça, mas porque há coisas demais a fazer, e não há tempo para cuidar dos detalhes como seria de desejar. A qualidade tende a cair, a despeito de todos os esforços, mas esse é justamente o teste para se saber com exatidão quanto é possível fazer de uma só vez, sem sucumbir; é um período de maximização da resistência que será usada no futuro.

Sétima Casa — Sendo o ponto mais baixo do ciclo da primeira casa, esse é mais um período de exploração dos limites defensivos da personalidade do que da sua capacidade de agressão. Sua preocupação principal refere-se aos outros, com o estabelecimento exato do quanto se pode permitir que nos invadam e controlem nossos próprios interesses. Para as pessoas envolvidas em associações íntimas, como o matrimônio, costuma haver uma reavaliação que coloca o relacionamento num nível mais funcional e igualitário; tal reavaliação, muitas vezes, resulta em separação para aqueles cuja ligação não era particularmente estável.

Oitava Casa — Este é o período de aprender a usar os recursos dos outros em benefício próprio e de administrá-los de tal modo que seja possível continuar a receber ajuda externa para empreendimentos particulares. Como é o ponto mais baixo do ciclo da segunda casa, significa que o indivíduo pode estar com seus próprios recursos em boas condições, mas que será preciso remodelar os esforços dos outros, para conseguir o que deseja. A palavra-chave para isso talvez seja *manipulação* que, espera-se, aconteça de forma tão honesta e agradável quanto possível. A capacidade de convencer os outros de que os planos individuais são realmente o que os outros querem será posta à prova e examinada — um talento muito útil em qualquer momento. Visto de uma perspectiva mais elevada, é um período de simplificação dos pontos de vista filosóficos, principalmente os que se referem à morte, que podem tender a uma simplificação excessiva, mas que proporcionará a base sobre a qual construir, mais tarde.

Nona Casa — Este é um período que se pode chamar de "sem princípios". Como Saturno testa o caráter pela privação, e como a nona casa está associada aos princípios e às justificativas morais em geral, essa época representa um teste para a capacidade de viver por viver, com um mínimo de controle e motivação moral e física. Permite que a gente perceba, da forma mais pura e concentrada, o que a falta de objetivos pode significar para o animal racional. Sendo o ponto mais baixo do ciclo da terceira casa, impede o formalismo ou a cristalização da expressão, e a mente tende a divagar mais do que na maioria das outras partes do ciclo.

Décima Casa — A passagem de Saturno pelo meio do céu e pela décima casa tende, naturalmente, a tornar os esforços profissionais uma verdadeira batalha, e o mundo em geral presta menos atenção a eles, independentemente da sua qualidade. É mais fácil ter sucesso em áreas saturninas — profissões mais antigas e tradicionais, firmas bem-estabelecidas etc. É a hora de aprender a viver com um mínimo de ostentação e renome, e de se concentrar na qualidade. Sendo o ponto mais baixo do ciclo da quarta casa, induz o indivíduo a se retirar para o recesso do lar, tanto no sentido literal quanto no sentido figurado.

Décima Primeira Casa — A lição deste período é a de fazer com que o mínimo de ajuda exterior renda muito. É uma época de falta de boas relações com o mundo, e de ausência de apoio do alto, de modo que todo e qualquer auxílio deve ser aplicado numa coisa só, para que possa render. Depois do período de ostracismo vivido durante o ciclo da décima casa, é natural que o apoio externo seja escasso, de modo que esta é uma época de confiança em si mesmo. Mas, como é o ponto mais baixo do ciclo de Saturno na quinta casa, deve haver bastante criatividade para servir de base a essa autoconfiança.

Décima Segunda Casa — Este período refere-se à parte mais difícil das lições de Saturno, pois as experiências da décima segunda casa são as mais difíceis de aprender. Há, com certeza, menos apoio e menos experiências psíquicas; é também um período de desenvolvimento das forças que se oporão abertamente ao indivíduo, quando Saturno chegar ao ascendente. É triste dizer isso, mas é uma época onde a prudência aconselha a suspeitar dos amigos, e uma boa hora para se certificar de que todos os compromissos sejam postos no papel e assinados, para que depois a pessoa não descubra que foi traída sem qualquer prova a seu favor. Sendo o ponto mais baixo do ciclo da sexta casa, o trabalho pode ficar escasso, tornando-se de fácil execução o existente. Mas, no geral, o melhor é considerar este período favorável para aprender a usar as suspeitas com sabedoria. Os inimigos estão em atividade, mesmo que eles próprios não saibam disso.

Os ciclos indicados pelo trânsito de Saturno sobre o Sol e a Lua natais também são dignos de nota. Quando Saturno entra em conjunção com o Sol, o indivíduo atinge o ponto máximo de solicitação das energias interiores, freqüentemente assinalado apenas por um excesso de coisas a serem feitas e pelo esgotamento resultante do consumo das energias requeridas por cada uma dessas coisas. Inversamente, o ponto mais baixo do ciclo pode deixar a pessoa meio preguiçosa, com energia para dar e vender, sem ter onde empregá-la. Quando Saturno transita sobre a Lua, as solicitações se dão num nível mais emocional, muitas vezes com as pessoas em torno pressionando o indivíduo, ao passo que, durante a baixa desse ciclo, gostaríamos que os outros nos prestassem mais atenção.

Do princípio ao fim, é a seguinte a lição do ciclo de Saturno pelas doze casas: como funcionar da melhor maneira possível com um mínimo de apoio em qualquer área. No início, ele é aflição e sofrimento, mas ensina economia e eficiência; sem elas, desperdiçaríamos todos os nossos recursos com poucos resultados. Quando Saturno passa por uma casa, deixa essa área podada até o osso: um mínimo de estrutura com um máximo de eficiência. Depois, as duas passagens seguintes de Júpiter fazem reflorir essa área, primeiro recheando-a e, finalmente, superlotando-a; preparando-a para outra poda de Saturno, cinco anos e meio mais tarde. Nem o ciclo de Saturno, nem o de Júpiter devem ser considerados isoladamente mas, sim, como dois fatores de equilíbrio do crescimento e da saúde da personalidade e de suas circunstâncias.

Da mesma forma, o ponto culminante do ciclo de cada uma das casas também não deve ser visto como uma ocorrência isolada, que se dá de tantos em tantos anos. Ele representa, apenas, a maior intensidade de certos tipos de evento que continuarão acontecendo, com intensidades variáveis, durante todo o resto do ciclo. O pico de um ciclo é menos um evento do que uma concentração de certas tendências normalmente ativas, num grau maior ou menor, o tempo todo.

* * *

Além dos já citados, o único ciclo planetário com probabilidade de se completar durante a vida de uma pessoa é o ciclo de Urano, de 84 anos aproximadamente. Embora a maioria de nós não chegue a ver um ciclo completo e não possa, por conseguinte, aproveitar a experiência de um ciclo para se beneficiar no ciclo seguinte, este ainda tem um efeito mensurável sobre a configuração geral da vida e, por isso, merece algumas palavras.

O ciclo de Urano é basicamente um ciclo de descoberta da vida. Ele está no seu ponto culminante durante o nascimento, como todos os outros; a primeira e provavelmente a mais surpreendente experiência pela qual todos nós passamos. O ciclo de Urano começa, então, a declinar, até a idade de 42 anos, quando a maioria de nós já explorou e esgotou as novidades da vida. Essa idade é uma época de crise, pois é o ponto mais baixo dos quatro ciclos diferentes, mas depois de ultrapassada e de o indivíduo já ter desenvolvido uma nova perspectiva de vida, há um novo sopro, e o frescor e a descoberta parecem de novo possíveis.

Considerando o aspecto negativo, é um ciclo de agitação e de dificuldades também na vida social. O indivíduo encontra-se na fase de menor integração social antes dos 21 anos e depois dos 63 anos, períodos em que o ciclo de Urano está mais próximo do seu pico do que do seu ponto mais baixo. Entre os 21 e os 63 anos, os esforços do indivíduo ligam-se mais intimamente aos da sociedade que o rodeia — antes dos 21 e depois dos 63 anos, os interesses do indivíduo convergem cada vez mais para ele mesmo, e menos para a sociedade em geral. Em essência, o ciclo de Urano representa o grau em que uma pessoa está centrada na sua própria individualidade e importância, em contraposição com as necessidades e exigências da matriz social em torno dela.

Por conseguinte, no seu pico (raramente vivido, exceto na infância ou, talvez, na "segunda infância"), o indivíduo tem uma concepção muito elevada do seu próprio valor, pelo lado positivo; pelo lado negativo, tende a cooperar muito pouco, quando se trata das necessidades dos outros. No ponto mais baixo deste ciclo, o indivíduo é um grande colaborador, em termos sociais, mas também pode passar por uma crise de aparente falta de importância e valor pessoal.

Como todos os outros ciclos, este também é apenas uma generalidade social. Algumas pessoas simplesmente se mantêm à parte durante toda a vida, enquanto outras parecem fundir-se com o meio ambiente desde o dia em que nascem; isso depende do indivíduo.

A passagem de Urano pelas casas da carta natal de um indivíduo tem o simples efeito de um corpo em trânsito, pois suas posições nunca se repetirão para formar um modelo cíclico de desenvolvimento. Como se sabe, os assuntos de cada casa por onde ele transita tendem a passar por mudanças tumultuosas durante a sua passagem, e esse período marca uma fase em que a autodescoberta atinge o seu ponto máximo nessas áreas, mas isso não se repetirá na vida da pessoa, e algumas casas nunca serão tocadas por Urano, na maioria das vezes.

O mesmo acontece com Netuno, pois a maioria das pessoas não sobrevive sequer à metade do seu ciclo. De modo geral, o ciclo de Netuno representa a redução contínua do idealismo e da fé cega e incontestável, que ocorre durante toda a vida, começando sua verdadeira derrocada perto dos 41 anos, quando se soma à crise emocional geral da meia-idade.

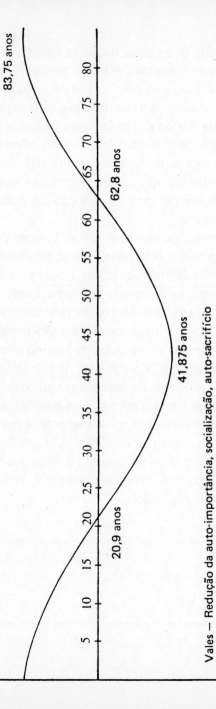

Transitando pelas casas natais (a maioria não vive mais do que cinco desses trânsitos), Netuno tem o efeito de retardar e confundir qualquer área por onde esteja passando. É como se essa área tivesse se tornado pantanosa e escorregadia.

O ciclo de Plutão é o mais longo de todos, e poucos vivem mais do que um quarto dele. Inicia o seu primeiro declínio em torno dos 62 anos e, como esse planeta está associado à morte e ao poder num sentido global, é provável que seja mais um indicador daquele período de redução do poder pessoal e da iminência da morte.

Seu trânsito pelas casas, pelas poucas por onde passa, provavelmente leva a uma revisão geral das áreas afetadas, mas é realmente difícil afirmar qualquer coisa, pois cada um desses trânsitos demora tanto tempo que uma transformação importante, a longo prazo, deve ocorrer de qualquer maneira.

Os que aspiram à transcendência são tentados a especular sobre a possibilidade de os ciclos de Netuno e de Plutão ligarem ou inter-relacionarem a vida encarnada com os períodos de desencarnação, anterior ao nascimento ou posterior à morte, ou de realmente ajudarem a encadear os padrões de reencarnação. Esse tipo de postulado, por mais interessante que seja, ultrapassa nossos objetivos presentes de observação dos fenômenos individuais ou sociais, e deve ser deixado a cargo dos tecnólogos espirituais do futuro que, assim o esperamos, terão mais provas a apresentar sobre a questão.

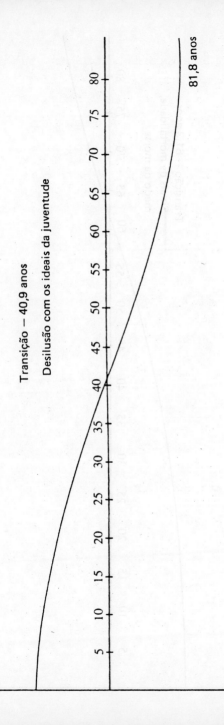

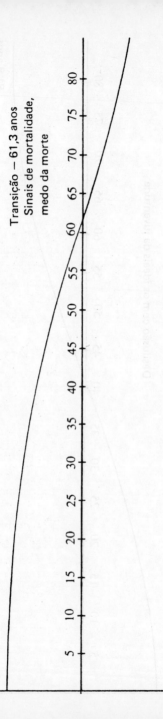

O Ciclo Vital Como um Todo

O próximo passo, depois de se ter examinado a natureza dos diferentes ciclos planetários, é verificar se, ao juntá-los, a soma resulta em algum tipo de ciclo global ou conjunto de ritmos vitais que façam sentido.

O mais fácil é colocar todos os ciclos planetários num gráfico e verificar se os seus picos e vales coincidem, ou se estão próximos o bastante uns dos outros. Todos os padrões regulares entre os ciclos seriam, então, considerados padrões globais.

Os resultados, quando o gráfico compreende o ciclo mais longo ao qual podemos esperar sobreviver (o ciclo de Urano), são surpreendentes.

O gráfico produzido é regular, completamente simétrico, e não mostra apenas o entrelaçamento de meros ciclos planetários, mas descreve também os períodos de crescimento e os períodos de crise, aceitos em geral, tanto por psicólogos como por filósofos.

A coisa mais evidente desse gráfico combinado são os picos dos 29 e 59 anos, assim como os pontos de baixa dos 15, 42-43 e 68 anos. No todo, o gráfico é bilateralmente simétrico, com o seu ponto central na idade de 42-43 anos. Este é o ponto mais baixo de todos os ciclos e, provavelmente, a fase mais desanimadora para a maioria das pessoas, pois marca o fim das aspirações da juventude e a necessidade, própria da maturidade, de reorientar os objetivos pessoais.

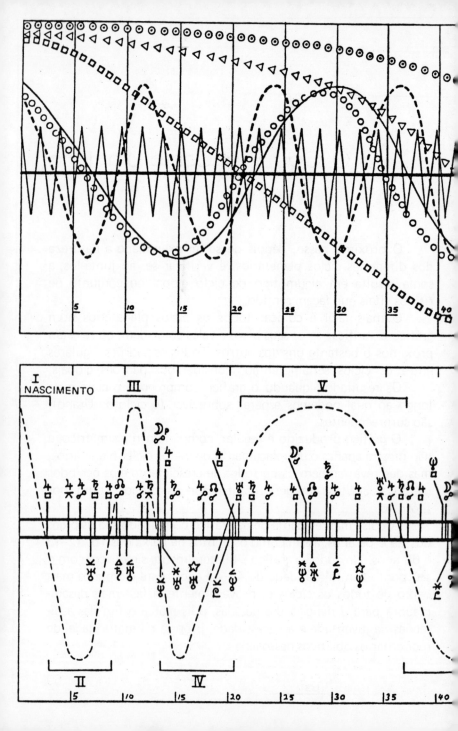

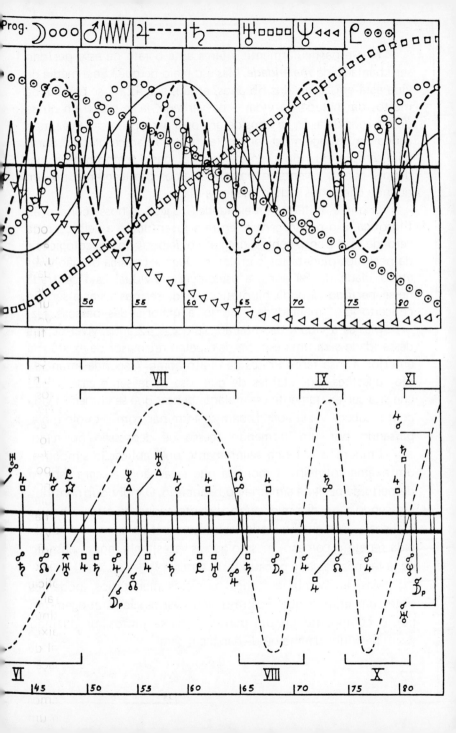

Mas é particularmente interessante o fato de esse período ser chamado de *meia-idade*. Mas é o meio de quê? Se a média de vida está em torno dos 65 anos, então, aos 42, já se passou, há muito, da metade da vida — na verdade, já se passaram quase dois terços dela. E, se considerarmos a percepção cada vez mais aguda da passagem do tempo (a infância parece que vai durar para sempre, quando a gente é criança, mas o tempo parece voar depois que a juventude passa), estamos praticamente no fim quando chegamos à chamada meia-idade.

O que é, então, a "meia-idade"? Segundo nossa concepção filosófica, é o ponto central entre a juventude e a velhice e, na verdade, é o ponto central do gráfico de períodos psicológicos e de períodos planetários correlatos. Quer se consiga ou não viver até a idade de 84 anos, a psicologia individual está centrada nesse período de vida hipotético, se quisermos levar a sério o conceito de "meia-idade", como a maioria das pessoas faz.

Mas se a vida é dividida ao meio aos 42 anos, viver depois dessa idade será uma espécie de espelho retrovisor da existência anterior a essa fase? Frases de efeito como "segunda infância" são sugestões inquietantes de que esse pode ser o caso — não chega a ser exatamente estimulante pensar que se começa a vida com a cabeça vazia apenas para se terminar com o miolo mole, passando por um tremendo acesso de depressão no meio.

Embora isso tenha seguramente uma aplicação simbólica, um exame rotineiro demonstra que esta não é a regra geral, a despeito da perfeita simetria do raciocínio. O indivíduo continua crescendo e se desenvolvendo durante todos os altos e baixos cíclicos — somente quando visto num gráfico é que o final da vida repete o começo, mesmo que às vezes tenhamos a sensação de já termos passado por tudo isso antes.

Mas, ao combinar todos os ciclos planetários, podemos obter um gráfico que mostra quando vários ciclos atingem um ponto culminante ou um ponto de baixa juntos, produzindo assim períodos de alta ou de baixa em geral.

O primeiro período de alta vai do nascimento até por volta dos três anos de idade. É uma fase em que a criança se interessa estritamente por si mesma e todas as suas energias estão voltadas para a descoberta do que pode fazer com seus sentidos e faculdades. É um período sem restrições para a personalidade (a única fase de completa liberdade para o ego), que termina com o início da baixa do primeiro ciclo de Júpiter.

O período seguinte, dos três aos nove anos, com uma fase de baixa aos 6, é a primeira experiência da criança com a socialização, que requer uma severa limitação do ego para que seja possível conviver com o meio social; seu momento mais difícil é a idade de 6 anos, quando começa a escola: o primeiro ciclo de Júpiter está no seu ponto mais baixo e Saturno também começa a parte baixa do seu ciclo.

Pelos nove anos, a criança já sabe muito bem como se comportar de maneira socialmente aceitável e ainda consegue o que quer. Essa é a melhor parte da infância para a maioria das pessoas e representa a alta de Júpiter, que culmina um pouquinho antes dos 12 anos.

Mas, a despeito do entusiasmo que Júpiter dá a este período, os ciclos de Saturno e da Lua progredida encaminham-se para a sua parte mais baixa e, assim que a alta de Júpiter começa a diminuir, a personalidade vem abaixo estrepitosamente. A adolescência e a puberdade cumulam o indivíduo com todo o tipo de dificuldades, provocando de tudo, da alienação e depressão à acne, na parte mais baixa do ciclo, aos 15 anos.

Segue-se depois uma luta prolongada, quando o indivíduo se esforça por manter a cabeça acima dos problemas e das responsabilidades com que se depara enquanto adolescente. O ciclo de Júpiter, de Saturno e da Lua progredida encontram-se todos no seu ponto mais baixo, e a vida se parece muito com uma escalada de montanha.

Aos 21 anos, finalmente, o indivíduo começa um período de 13 anos de alta de vários ciclos, durante os quais constrói para si um lugar na sociedade — reclama o seu lugar ao Sol, por assim dizer. As energias criadoras da vida estão em foco: é a floração da juventude.

Aos 21 anos, e logo depois que Júpiter, Saturno e a Lua progredida entram nos seus períodos de alta, Urano começa o seu ciclo de baixa, o que é igualmente importante. O indivíduo inicia um período de socialização criativa, quando a personalidade se expressa muito mais por meio de uma fusão ativa com a sociedade (Júpiter e Saturno), do que por separação ou oposição a ela (Urano).

Depois dos 24 anos, o ciclo de Júpiter começa o seu período de baixa, mas os ciclos de Saturno e da Lua progredida continuam a subir até os 27 e 29 anos, fase em que é mais provável que o indivíduo se instale numa vida regular, rotineira, aceitando o lugar que a sociedade lhe reservou, em vez de conquistar novos territórios, pois Júpiter está em baixa nessa época. Para muitos, é o primeiro momento de descanso e segurança, acompanhado por uma sensação de ter se estabelecido na vida.

Mas, depois dos 30, Júpiter atinge novamente o seu ponto mais alto e Saturno se volta para baixo, levando a um período de inquietação, à medida que se aproxima a idéia da meia-idade. Por volta dos 37 ou 38 anos, o período seguinte de baixa já começou e, em torno dos 42, geralmente já precipitou o indivíduo na primeira crise de personalidade realmente importante, desde as convulsões da adolescência.

Aos 42-43 anos, todos os ciclos planetários estão em baixa. A meia-idade chegou e as atitudes e objetivos da juventude não têm mais importância. O indivíduo precisa forjar toda uma nova série de valores e de objetivos que deverão servir e satisfazer uma pessoa muito mudada. A pergunta "o que fiz da minha vida?" precisa ser respondida, e há uma reorientação para objetivos freqüentemente mais significativos, embora menos materialistas. É uma época de transformação física e hormonal tanto para as mulheres como para os homens e, como na adolescência, é preciso desenvolver novas formas de lidar com o corpo e a mente, além de aprender um novo papel social, próprio da pessoa madura. A maioria entra nessa fase sentindo que a vida é uma enorme canseira — o mundo passou pelo sujeito e o abandonou em meio à maior depressão. Mas, logo que novos objetivos e critérios se desenvolvem, a pessoa nasce de novo e, pelos 50 anos mais ou menos, saúda o mundo com o rosto mais alegre, ainda que mais enrugado.

O retorno de Júpiter, aos 47 anos e meio, marca o começo do fim do longo período de baixa da meia-idade. O ciclo de Saturno e da Lua progredida dirigem-se para o ponto mais alto, dando retaguarda e animando a pessoa para o período de alta seguinte, que para a maioria é o último.

Entre os 50 e os 65 anos, o indivíduo encontra-se no apogeu de suas realizações vitais. Isso culmina com o duplo retorno de Júpiter e Saturno aos 59 anos. A combinação de um vigor maduro com a experiência, geralmente proporciona substancial eficiência e respeito à pessoa no seu campo de interesse. O indivíduo vive, na prática, os princípios e atinge os objetivos forjados na oficina da meia-idade, assim como os conflitos da adolescência levaram às realizações dos 20 e dos 30 anos.

Mas, à medida que esse período inicia sua reviravolta, depois dos 60 anos, o espectro da morte começa a avultar e todos nós passamos a fazer os preparativos para encontrar o Criador. O desalento instala-se aos 65 e continua até quase os 71 anos. É nessa época que a maioria das pessoas morre, estatisticamente falando, e todos começam a pensar no assunto.

Já aos 62 anos, Urano entrou no seu período de alta e, assim como o indivíduo entra na sociedade quando Urano começa a se encaminhar para o seu ponto mais baixo, aos 21 anos, agora a pessoa começa a se preparar para se desligar da sociedade.

Para a maior parte das pessoas, a aposentadoria começa aos 65 anos, assim como o seu afastamento dos compromissos sociais. Os pensamentos se prendem ao passado, à doença ou a um colapso corporal iminente, e o indivíduo segue à deriva, afastando-se dos interesses sociais em geral, em direção às necessidades pessoais.

Mas, curiosamente, quem consegue utrapassar os mágicos 70 anos, muitas vezes goza de uma euforia recém-descoberta. Venceu suas batalhas e está vivendo mais tempo do que a tradição lhe designa. O retorno de Júpiter aos 71 anos aviva o espírito e, muitas vezes, traz novos amigos e envolvimentos, antes evitados por medo de uma separação repentina, provocada pela morte iminente.

Mas, nessa idade, é preciso levar em conta outro fator — a doença e a debilidade originadas com o decorrer dos anos. Assim como um acidente que mutila uma pessoa pode transformar os melhores anos da sua juventude num desastre total, a fragilidade da velhice tende a amortecer e alterar os ritmos cíclicos naturais da vida. Depois dos 70 anos, os picos já não são tão altos e os vales parecem precipícios. Assim, o pico natural em torno dos 72 anos tende a parecer menos encantador do que seu congênere dos 11 ou 12 anos, mas o ritmo ainda está presente.

Por volta dos 75 anos, todos os ciclos, exceto o de Urano, estão em baixa, e daí se segue um período de quietude e muitas vezes de recolhimento. Tanto este quanto o período anterior costumam ser chamados de "segunda infância" — em parte por causa do aparecimento freqüente da senilidade "infantil", mas também porque os interesses do indivíduo se afastam da sociedade em geral e se focalizam nele mesmo outra vez, como na infância. O fator Urano, tanto no seu aspecto de autodescoberta como no de falta de cooperação, está em alta.

Mas, depois dos 80 anos aproximadamente, a personalidade com freqüência está em ascensão mais uma vez, culminando no retorno de Urano, perto dos 84 anos. A despeito dos estragos do tempo, é um período de renovada juventude e produtividade, pois todos os ciclos estão em alta — sirva de prova a energia de grandes homens como Bertrand Russell e Marc Edmund Jones nessa idade.

Está claro que se poderia continuar, extrapolando os ciclos futuros relativos a um ser cujo período de encarnação excedesse a duração da vida humana, mas especular sobre a possível experiência cíclica da alma após a morte e outros fenômenos místicos não tem muito sentido aqui. Poucos passam dos 84-85 anos, e a perfeita simetria do gráfico da vida envolvido pelo ciclo de Urano é tentadoramente íntegra e não deve ser perturbada até que a medicina moderna consiga estender nosso potencial físico de vida, revitalizando bionicamente nossos corpos envelhecidos. Temos aqui um modelo bem-equilibrado que parece ir longe na descrição — senão na explicação — dos altos e baixos da vida média.

E, para o astrólogo, seria bom considerar cuidadosamente esses períodos globais, ao tentar analisar a carta natal e as condições presentes de qualquer pessoa. O psicólogo já notou esses períodos de crescimento e de crise por meio de uma observação relativamente objetiva, mas o astrólogo, em cujas mãos estes ciclos devem cair, os tem ignorado com excessiva freqüência, em favor de trânsitos momentâneos mais sedutores e divertidos. Por mais excitantes e tumultuosos que sejam os eventos que as várias combinações dos trânsitos planetários podem descrever, todos eles estão gravados nos alicerces dos ciclos vitais astrológicos que cada indivíduo compartilha com todos os outros seres humanos da sua idade.

O gráfico completo dos ciclos vitais divide a existência humana em 11 períodos, cuja simbologia pode agradar tanto o astrólogo quanto o numerologista:

1. De 0 a 3 anos — Individuação primordial, a constituição do ego e do seu domínio sobre os sentidos e as faculdades.

2. De 3 a 9 anos — O começo da socialização e do aprendizado destinado a levar a criança a considerar a existência dos outros, assim como suas necessidades e exigências.

3. De 9 a 13 anos — O domínio dos meios internos e externos do sucesso, da comunicação e da aprendizagem dentro da estrutura protegida da infância.

4. De 13 a 21 anos — O período de teste, quando o indivíduo se depara com os problemas de se tornar um adulto e quando constitui o fundamento do seu estilo de vida e personalidade.

5. De 21 a 37 anos — A determinação do lugar do indivíduo no mundo, o exercício da máxima criatividade e liberdade.

6. De 37 a 50 anos — O fundo do poço. O período de aparente inutilidade que gera uma nova auto-imagem e melhor apreensão geral do mundo.

7. De 50 a 64 anos — A melhor fase da vida, quando as realizações e a reputação se combinam para fazer com que o indivíduo crie e, ao mesmo tempo, saboreie os frutos dos trabalhos físicos e espirituais.

8. De 65 a 71 anos — A hora da morte e de lidar com as necessidades. O início do afastamento das principais correntes da sociedade.

9. De 71 a 75 anos — Rejuvenescimento temporário depois de se ter escapado da morte esperada. Novos projetos e exploração social.

10. De 75 a 81 anos — Afastamento da sociedade e reavaliação dos valores sociais impostos. Recolhimento e introspecção.

11. Mais de 81 anos — Reafirmação do ego puro, isenção dos regulamentos sociais. Rejuvenescimento do espírito pelo espírito.

É claro que este ciclo vital, bastante extenso, não se aplica exatamente a qualquer indivíduo. Os caprichos específicos da experiência podem fazer com que um período normalmente de baixa seja movimentadíssimo ou criativo ao extremo ou, ainda, que um período de alta pareça inexpressivo. Mas, enquanto modelo geral de comportamento e desenvolvimento humanos, esse gráfico de ciclos vitais combinados é bastante acurado em termos descritivos, coincidindo com os padrões das crises psicológicas, recentemente popularizadas pela psiquiatria.

E, ao astrólogo, esses padrões freqüentemente fornecerão explicações para os problemas de um cliente, quando os trânsitos, as progressões e as outras técnicas consagradas falharem.

Os Ciclos Mundanos

Se podemos dizer que os ciclos astrológicos influenciam o comportamento individual, com certeza deve haver razões para que acreditemos na sua influência também sobre o comportamento das sociedades e nações como um todo.

O estudo dessas influências constitui o campo da astrologia mundana — mundana não no seu sentido trivial, mas no seu sentido latino, que quer dizer mundial.

Esta é uma área que poderia e deveria contar com muitos volumes para ser adequadamente compreendida. Muitos autores, tanto astrólogos como não-astrólogos, escreveram extensivamente sobre o tema.

Os ciclos astrológicos mundanos caem basicamente em duas categorias: os ciclos que correspondem simplesmente ao ciclo de um planeta (os 29,42 anos do ciclo de Saturno, por exemplo), ou os ciclos que são períodos sinódicos de dois planetas, o tempo compreendido entre duas conjunções sucessivas (o período sinódico de Júpiter-Saturno, de cerca de 20 anos, por exemplo).

Apresentamos aqui alguns dos ciclos mundanos mais importantes, segundo a sua duração (uma lista muito incompleta das dezenas de ciclos possíveis e conhecidos).

* * *

O ciclo Marte-Urano — A conjunção de Marte e Urano se dá a cada dois anos. É tradicionalmente associada à ocorrência ou término de revoluções, guerras, violência e conflitos civis. Talvez seja interessante notar que todas as guerras em que os Estados Unidos se envolveram acabaram no espaço de um mês após a conjunção de Marte e Urano (com exceção da Primeira Guerra Mundial, quando o intervalo foi de 2 meses e meio).

De acordo com certos astrólogos australianos, a localização dos conflitos civis em cada um desses ciclos pode ser apurada, determinando-se onde, na Terra, ocorre a conjunção exata no meio do céu. Uma faixa de centenas de quilômetros de cada lado dessa longitude abrangerá os principais focos de conflito do mundo por um período de 2 anos.

Verifiquei que essa proposição é bastante sensata e observei, também, que ocorrem conflitos importantes na longitude dessa conjunção correspondente ao ascendente; os problemas aqui, geralmente, precedem aqueles que são associados à conjunção no meio do céu.

O ciclo de Júpiter — Associado à inovação social e estética. Descreve ondas crescentes de liberalismo social e, por signo, freqüentemente, representa os principais estilos e diretrizes das artes populares (revivificações regulares da música folclórica, toda vez que Júpiter está em Aquário). Social e artisticamente, novos territórios conquistados são mais um passo em relação aos avanços feitos 12 anos antes.

O ciclo Júpiter-Saturno — A conjunção entre Júpiter e Saturno ocorre aproximadamente a cada 20 anos. Representa o conflito das forças sociais liberais com as conservadoras, e também pode descrever grandes lutas mundiais no nível político e militar, como no período de 1939-40, durante a Batalha da Grã-Bretanha. Também é interessante notar que todos os presidentes norte-americanos que tomaram posse logo depois de uma conjunção Júpiter-Saturno morreram no exercício do cargo.

Os ciclos maiores de Júpiter-Saturno também são considerados importantes, enquanto determinantes culturais. Toda 3ª conjunção, que ocorre nas proximidades do grau zodiacal da conjunção de 60 anos antes, supostamente simboliza um período de grandes convulsões sociais, onde as idéias e inovações propostas, há 60 anos, são finalmente postas em prática.

Outro importante ciclo de Júpiter-Saturno é o chamado Ciclo da Grande Mutação, de 794 anos, que descreve um ciclo civilizatório — o período que vai do nascimento à morte de toda uma cultura.

O ciclo de Saturno — Independentemente de suas relações com Júpiter, o ciclo de Saturno se caracteriza pelo conservadorismo social e pela inatividade. Assim como no caso de Júpiter, as manifestações conservadoras de um determinado momento são o resultado das tendências semelhantes dos 29 anos e meio anteriores.

O ciclo Saturno-Urano — Alguns o identificam como um ciclo climático e político, mas também é muito interessante a possibilidade aventada recentemente de ser um ciclo de descobertas científicas. A conjunção Saturno-Urano, que acontece a cada 45 anos, marcou os anos da descoberta da tabela atômica, do elemento químico rádio, do nêutron e da primeira pilha atômica.

O ciclo de Urano — O ciclo de 84 anos de Urano é marcado pelas mudanças sociais revolucionárias e por sua aceitação — os altos e baixos. Essas mudanças ocorrem nas áreas associadas ao signo em que Urano se encontra. Por exemplo: parece haver um ciclo de liberdade e repressão da sexualidade girando em torno de Urano em Escorpião, quando as aberrações sexuais encontram maior expressão e tolerância social. Quando Urano está na fase oposta, em Touro, o conformismo sexual é a ordem do dia e se permite muito pouco desvio de uma norma social estrita.

O ciclo de Netuno — O ciclo de 164 anos de Netuno é associado com mais freqüência a mudanças religiosas, mas isso pode variar de acordo com o signo. Netuno em Aquário, por exemplo, é constantemente vinculado a grandes epidemias, que se estendem pelo passado, até os tempos de Roma.

O ciclo de Plutão — Plutão costuma estar ligado à morte e, em termos sociais, seu ciclo está ligado à destruição das áreas estabelecidas do signo pelo qual está transitando, muitas vezes com efeitos devastadores sobre a população associada à área. O mais notável é a migração em massa (reequilíbrio populacional) associada a Plutão em Libra, a cada 245 anos, e às terríveis guerras de reajustamento que se seguem à passagem de Plutão por seu próprio signo, Escorpião. Estatísticas recentes indicam que essa afirmação é correta — houve uma migração mundial mais intensa nos últimos anos, com Plutão em Libra, do que nos últimos séculos. O que a década de 80, com Plutão em Escorpião, nos reserva, todos gostaríamos de saber.

O ciclo Netuno-Plutão — Este período está associado a genocídios religiosos e culturais, embora não necessariamente durante a sua conjunção mútua. Por exemplo: recuando no tempo, a partir das guerras da Reforma, com Plutão em Áries e Netuno em Aquário, houve a época das Cruzadas, o domínio cristão da Europa, que culminou com o Sacro Império Romano, a luta do cristianismo contra Roma, e a conquista do Mediterrâneo por Roma, durante as Guerras Púnicas. Todos esses acontecimentos se caracterizaram por algo além da mera conquista: o massacre brutal dos que pertenciam a outras tendências religiosas e culturais. Temos mais alguns séculos pela frente para nos corrigirmos, antes que isso se repita.

* * *

Outro ciclo histórico muito longo é o ciclo da precessão dos equinócios, que não é absolutamente um ciclo planetário. É o período de tempo necessário para que o equinócio móvel, que determina o ponto vernal, ou o ponto 0° de Áries, faça um círculo completo em relação ao pano de fundo das estrelas fixas. À medida que o ponto vernal retrocede e entra em cada constelação sucessiva, considera-se que uma nova era começou, caracterizada pelos atributos da constelação em que se encontra.

Assim, durante os últimos dois mil anos, o ponto vernal transitou pela constelação de Peixes, supostamente representando uma era de fé cristã bastante ignorante, mas bem-intencionada, que compartilha os atributos de Peixes e da casa do sofrimento a ele relacionada, a 12ª.

Atualmente, o ponto vernal está entrando na constelação de Aquário, anunciando o começo da apregoada "Era de Aquário". Serão necessários 25.000 anos — um ciclo completo — para que o ponto vernal volte à sua posição original de 2.000 anos atrás, quando os signos e as constelações coincidiam, na época em que nasceu a astrologia moderna.

A teoria que está por trás disso é reconhecidamente frágil, mas tem sido extrapolada de forma muito tentadora e, às vezes, deliciosa, para descrever as grandes transformações históricas — a mais original é a da paleontologista Christine Janis, que usa a repetição do ciclo até a 4ª ordem, para descrever a natureza da evolução da vida na Terra.

São tantos os ciclos astrológicos mundanos possíveis quanto as combinações de ciclos planetários individuais associados a eclipses, ciclos das manchas solares etc., *ad infinitum*. Apresentamos aqui apenas alguns dos mais populares — muitos outros ciclos menos conhecidos foram relacionados com padrões históricos, alguns com resultados muito convincentes. Talvez o pesquisador mais ilustre dessa área seja Charles Jayne, e qualquer pessoa que deseje estudar mais profundamente o assunto deveria consultar seus trabalhos, que podem ser obtidos com o próprio autor no seguinte endereço: 5 Old Quaker Hill Road, Munroe, New York, 10950.

Os Ciclos Não-astrológicos e Outros Problemas

O astrólogo negligente tem a tendência infeliz de atribuir todos os acontecimentos do mundo à influência dos planetas — propensão que granjeou péssima reputação para a astrologia no século XX.

Mas o estudioso dos ciclos logo descobre que provavelmente há muitos ciclos sem qualquer relação com o céu. Uma leitura atenta da revista da Pennsylvania's Foundation for the Study of Cycles [Fundação da Pensilvânia para o Estudo dos Ciclos] prova isso.

Alguns desses ciclos têm pouco interesse para o indivíduo comum — os ciclos do ferro gusa, os ciclos de preços do porco, os ciclos de acasalamento das marmotas norte-americanas, os ciclos do feijão-soja, e muitos outros, obscuros demais para serem citados.

Mas outros são interessantes, divertidos e, às vezes, enigmáticos. Por exemplo: o ciclo semanal dos nascimentos humanos culmina nas quartas-feiras logo depois da meia-noite, e tem seu ponto mais baixo nas segundas-feiras. Ou, mais estranho ainda: entre os nascidos na Nova Inglaterra que passam dos 2 anos de idade, os que nasceram em março podem esperar viver mais quatro horas, em média, do que os nascidos em julho.

Segundo o FBI, o índice criminal das cidades é 8% mais elevado em fevereiro do que no restante do ano; um estranho pico de inverno. Mas, como seria de se esperar, os estupros,

85

assaltos e assassinatos culminam no calor de julho. Pode parecer esquisito, mas julho é a época de baixa do homicídio involuntário, cuja alta se dá em dezembro. Talvez sejam as férias dos motoristas bêbados...

Alguns ciclos variam de país para país. O nascimento de meninos culmina em setembro, no Japão, ao passo que a Suécia, com o mesmo tipo de clima, não mostra esse pico.

Nos Estados Unidos nascem mais pessoas famosas e criminosos durante a primavera.

A Igreja Presbiteriana registra um ciclo de 9 anos de participação religiosa — o inverso de um ciclo de 9 anos relativo aos preços por atacado e aos preços das ações comuns — quando os preços baixam, o comparecimento à igreja aumenta. Hum!!

O Dr. Rexford Hersey, pesquisando com o Dr. M. J. Bennett na Universidade da Pensilvânia, verificou a existência de um ciclo de euforia-depressão de 5 semanas nos seres humanos. Nos períodos de baixa, as funções da pituitária e do fígado caem e o açúcar do sangue e o colesterol sobem. 40% dos acidentes registrados ocorrem na baixa do ciclo. Usando essa teoria, a Força Aérea Suíça (alguém conhece?) reduziu em cerca de 80% os acidentes que ocorriam durante o treinamento básico. Aparentemente, não há forma de descobrir o funcionamento desse ciclo, a não ser fazendo um registro diário que abranja vários ciclos de 5 semanas. É provável que esse ciclo venha a se tornar mais claro (talvez em conflito direto com o ciclo lunar mencionado antes, no Capítulo 2).

Os ciclos mundanos são atribuídos a outras coisas além dos planetas — ao tempo, na maioria das vezes. Alguns dizem que as civilizações se estruturam durante os períodos de aquecimento de uma determinada região, o que pode levar centenas de anos, e depois morrem à medida que o tempo esfria. Outros atribuem os mesmos efeitos a períodos úmidos e secos, ou alegam até mesmo que a combinação de ciclos de calor e de umidade determina a ascensão e queda de sociedades democráticas versus o totalitarismo.

Talvez os ciclos mais conhecidos, que pouco devem à astrologia, sejam os populares biorritmos; trata-se de três ciclos diferentes, com atributos físicos, mentais e emocionais, que supostamente começam no nascimento e continuam até a morte com regularidade absoluta. Parece que não há qualquer base física para os biorritmos, embora muitos ponham a mão no fogo por eles; são usados por muitas companhias japonesas para reduzir acidentes nas fábricas, exigindo que os empregados tirem dias de férias pagos, durante a baixa dos seus ciclos.

Outra armadilha para os que pretendem ser analistas de ciclos astrológicos é a discutível fidedignidade dos ciclos em geral. Em qualquer área, um ciclo é apenas um padrão geral de repetição regular mas, freqüentemente, trata-se apenas de uma visão de conjunto. Os ciclos podem saltar uma etapa, ou mesmo várias, antes de restabelecer o seu ritmo, e esses saltos podem ocorrer em momentos totalmente imprevisíveis, mesmo que o ciclo global se mantenha estável a longo prazo. Isso é um inferno para os futuros prognosticadores.

Há outros ciclos que parecem estar relacionados com os planetas, mas que, na verdade, são o resultado de outros fenômenos que ocorrem com regularidade. A periodicidade não é um atributo exclusivo dos planetas.

Um desses ciclos misteriosos apareceu na pesquisa do Dr. E. G. Brown, físico e diretor do Laboratório Rádio-Astronômico da Austrália. Ele descobriu que se poderiam esperar chuvas fortes em certos dias do ano, na Austrália e em todo o hemisfério sul. Chuvas fortes semelhantes ocorriam alguns dias antes no hemisfério norte. Seria um ciclo climático relacionado com o Sol?

Provavelmente, não. Novas pesquisas revelaram que a razão mais plausível seria a intersecção da órbita da Terra com uma nuvem de poeira meteórica. A poeira atua como um precipitador das gotas de chuva, e a diferença das datas entre os hemisférios norte e sul pode ser explicada pelo ângulo de inclinação da nuvem no momento em que ela intercepta a órbita da Terra. Uma explicação física para o que, a princípio, poderia parecer um ciclo astrológico.

Mas, apesar de tudo isso, danem-se os que gostam de desmascarar imposturas, pois *há* muitos ciclos astrológicos evidentes (cuja aceitação aumenta sempre) que afetam o nosso comportamento e o nosso meio ambiente de forma significativa.

A observação e o estudo cuidadoso desses ciclos não nos apresentarão o futuro numa bandeja, mas aumentarão nosso conhecimento daquilo que nos estimula e do que, em geral, podemos esperar de nós mesmos à medida que passamos pela vida. Ignorar esses ritmos vitais básicos que foram reconhecidos por todas as religiões e culturas mais antigas seria um desserviço ao "método científico", objetivo que nossa cultura abraça. Só esperamos que a ciência moderna volte toda a sua atenção para a investigação desses fenômenos, de modo que possam ser reexpressos e entendidos à luz da tecnologia moderna e tenham novamente utilidade e valor significativos para a humanidade.

Leia também

INICIAÇÃO BÁSICA À ASTROLOGIA ESOTÉRICA

Rosabis Camaysar

Os escritores ocultistas dizem que há sete chaves para abrir as portas do Templo do Saber. No plano da forma, porém, podemos dizer que há doze portas de entrada e doze câmaras para aprendizes: no plano da idéia, sete portas mais internas para iniciados e, no plano espiritual, três portas para os Mestres.

Depois de passarmos pelas doze portas zodiacais e termos aprendido as lições contidas nos compartimentos a que elas nos conduzem, seremos levados à primeira das sete portas planetárias do Templo do Saber e, daí, para as três portas que conduzem ao Conhecimento Supremo.

O caminho que nos leva a essa ascensão gloriosa é íngreme e montanhoso, nosso progresso é lento. Muitos fazem inúmeras paradas, mas não há como perder-se e cada qual, cedo ou tarde, chega ao termo da viagem.

Muitos são os chamados para entrar no Templo, mas poucos são os que estão preparados para isso e, sem esse preparo, não é possível fazer a escolha.

As almas começaram sua peregrinação evolutiva num passado remoto e continuarão nessa peregrinação até se tornarem individualidades separadas e perfeitamente conscientes de si mesmas.

O momento inicial dessa peregrinação é indicado, para o homem, no signo zodiacal de Áries.

* * *

A peregrinação do homem através dos signos do Zodíaco e a influência esotérica desses signos sobre o seu processo de evolução constituem o tema deste livro, que nos ensina como trabalhar para o progresso evolutivo da humanidade.

EDITORA PENSAMENTO

PLANETAS RETRÓGRADOS E REENCARNAÇÃO

Donald H. Yott

Demonstrar como os planetas retrógrados têm influência sobre o caráter das pessoas, explicando ou esclarecendo muitos acontecimentos da vida, assim como a existência deles, constitui o objetivo deste livro, que começa com a definição dos fenômenos retrógrados para depois considerar cada planeta através das 12 casas zodiacais, proporcionando uma explanação completa de seu significado numa condição retrógrada.

O autor informa que grande parte do material deste livro provém das notas de duas astrólogas célebres: Alice D. Fowler e Iris Vogel, pioneiras, durante a primeira metade deste século, na área da Astrologia e da reencarnação.

Alice D. Fowler parte da premissa de que os planetas retrógrados indicam os traços negativos de caráter herdados de vidas anteriores.

Em *Planetas retrógrados e reencarnação,* Donald H. Yott amplia essa premissa para incluir uma análise dos significados do planeta retrógrado *em aspecto* e, mais ainda, indica os modos pelos quais cada indivíduo pode transmutar a energia negativa inerente a esse planeta a fim de crescer e de evoluir na vida atual.

EDITORA PENSAMENTO

ASTROLOGIA

Ritmos e Ciclos Cósmicos

Joseph F. Goodavage

As radiações cósmicas emanadas do Sol, dos planetas e das estrelas controlam a vida e a evolução dos indivíduos e das sociedades. Conhecer as leis da manifestação dessas "correntes cósmicas"; saber interpretar seus ciclos positivos e negativos, significa tornar-se senhor do presente, do passado e do futuro. A Astrologia é a ciência dos ciclos cósmicos. E, neste livro, através da Astrologia, o autor revela a história passada e futura da humanidade, desde a Atlântida até o ano 2.010.

EDITORA PENSAMENTO

Editora Pensamento

Rua Dr. Mário Vicente, 374
04270 São Paulo, SP
Fone 63-3141

Livraria Pensamento

Rua Dr. Rodrigo Silva, 87
01501 São Paulo, SP

Gráfica Pensamento

Rua Domingos Paiva, 60
03043 São Paulo, SP